Avant-propos

L'Evangile. Peut-être en possédons-nous un exemplaire dans le fond d'un tiroir ou sur l'étagère d'une bibliothèque. Nous croyons le connaître parce que nous avons entendu la lecture de quelques passages ou parce que nous gardons en mémoire quelques paraboles racontées dans notre enfance.

Mais l'Evangile est plus que nous ne pouvons en connaître. Il est une source intarissable. Une eau toujours renouvelée qui désaltère à tous les âges et à toutes les saisons de la vie.

Pour cela, il faut ouvrir le livre. Il faut prendre le temps. Il faut s'asseoir. Il faut faire silence. Il faut lire lentement chaque verset. Il faut méditer les paroles de Jésus. Patiemment, inlassablement, obstinément.

Et puis se laisser travailler. Se laisser transformer. Car cette parole est vivante. Elle est agissante. Elle apaise. Elle guérit. Elle remet debout. Elle donne sens à la vie.

Chacun reçoit ce qu'il demande. Chacun trouve ce qu'il cherche. Chacun, personnellement.

Les pages qui suivent forment le recueil de réflexions publiées sur Internet au fil des jours. Tout au long d'une année1.

Il faut « crier l'Evangile », il faut « être un Evangile vivant », écrivait Charles de Foucauld1. Chacune, chacun d'entre nous dans le quotidien de notre vie.

Alors, asseyons-nous. Lisons. Méditons. Prions. Agissons. Dieu est en action.

P.B. Janvier 2013

---

1 D'après *Méditation sur les Saints Evangiles*, 314éme dans FRERE CHARLES DE JESUS (Charles de FOUCAULD), *Œuvres spirituelles. Anthologie,* Paris, Seuil, 1958, p.395.

Table des matières

Avant-propos 1

1ère semaine 4

2ème semaine 10

3ème semaine 15

4ème semaine 22

5ème semaine 29

6ème semaine 35

7ème semaine 40

8ème semaine 47

9ème semaine 54

10ème semaine 61

11ème semaine 67

12ème semaine 74

13ème semaine 80

14ème semaine 85

15ème semaine 91

16ème semaine 96

17ème semaine 103

18ème semaine 110

19ème semaine 118

20ème semaine 127

21ème semaine 135

22ème semaine 142

23ème semaine 150

24ème semaine 157

25ème semaine 164

26ème semaine 170

27ème semaine 177

28ème semaine 185

29ème semaine 192

30ème semaine 198

31ème semaine 206

32ème semaine 213

33ème semaine 219

34ème semaine 226

1ère semaine

Lundi

Après l'arrestation de Jean Baptiste, Jésus partit pour la Galilée proclamer la Bonne Nouvelle de Dieu ; il disait : 'Les temps sont accomplis, le Règne de Dieu est là. Convertissez-vous et croyez à la Bonne Nouvelle.'
Passant au bord du lac de Galilée, il aperçoit Simon et son frère André en train de jeter leurs filets : c'étaient des pêcheurs. Jésus leur dit : 'Venez, suivez-moi. Je ferai de vous des pêcheurs d'hommes.' Aussitôt, laissant là leurs filets, ils le suivent.
Un peu plus loin, Jésus aperçoit Jacques, fils de Zébédée et son frère Jean qui étaient aussi dans leur barque et préparaient leurs filets. Jésus les appelle aussitôt. Alors, laissant dans la barque leur père avec ses ouvriers, ils le suivent. Marc 1,14-20

C'est l'heure ! Il est temps ! C'est ici et maintenant. Dieu est en action. Rejoignez-le. Faites un retournement sur vous-mêmes et allez vers Dieu. Votre motivation est dans votre foi en Dieu. La bonne nouvelle est que Dieu s'intéresse à l'homme. Que Dieu a de l'affection pour l'homme. Que Dieu fait une démarche vers l'homme. Il est là. Il est à proximité. Son Royaume est en vous. Présent. Agissant. Performant.

'Venez, suivez-moi.'

Cessez d'errer sur la terre. Dieu donne une direction. Un sens. Une orientation.

Il faut se lever. Se tenir debout. Marcher derrière Jésus. L'Evangile ouvert.

Le passé est derrière nous. Nous sommes acteurs de notre avenir. De notre devenir. Nous écrivons notre histoire. Nous écrivons chaque matin une page de l'évangile. La plume trempée dans la Parole de Dieu. Avec des gestes de bonté. Avec un regard de tendresse. Avec des paroles de résurrection.

Dieu parcourt la terre. De long en large. Du Nord au Sud. Le Règne de Dieu. La Parole de Dieu. L'amour de Dieu. Nous sommes témoins. Nous sommes dépositaires. Avec nous, le Royaume de Dieu est présent.

Mardi

Jésus, accompagné de ses disciples, arrive à Capharnaüm. Aussitôt, le jour du sabbat, il se rend à la synagogue, où il enseigne. On était frappé par son enseignement, car il parlait en homme qui a autorité et non pas comme les scribes.

Or, dans l'assistance, un homme, tourmenté par un esprit mauvais, se met à crier : 'Que nous veux-tu, Jésus de Nazareth ? Es-tu venu pour nous perdre ? Je sais fort bien qui tu es : le Saint, le Saint de Dieu ?'

Jésus le menace : 'Silence ! Sors de cet homme.'

L'esprit mauvais le secoue avec violence et sort de lui en poussant un grand cri.

Saisis de frayeur, tous s'interrogeaient : 'Qu'est-ce que cela veut dire ? Voilà un enseignement nouveau, proclamé avec autorité.' Dès lors, sa renommée se répandit dans toute la Galilée.
Marc 1,21-28.

Les paroles produisent un effet sur la personne qui les reçoit, qui les accueille. Félicitations. Admiration. Remerciement. Reconnaissance. Regret. Pardon. Réconciliation. Enthousiasme. Joie. Etonnement. Exclamation. Encouragement. Compassion. Empathie. Condoléances…

Emotions ou sentiments. Raisonnements ou explications. La parole vraie, sincère, loyale, en accord avec la pensée, est créatrice, elle est efficace. Elle a une capacité de réalisation.

Lorsqu'il s'agit de la parole de Jésus, son efficacité est effective, immédiate, instantanée. Elle agit. Elle est vivante. Elle est puissante. Elle a autorité. Avec la confiance en Dieu. Avec la foi en Dieu. C'est

Dieu qui agit. C'est Dieu qui accomplit. C'est Dieu qui guérit. C'est Dieu qui manifeste sa bonté et sa tendresse.
 ' *Moi et le Père nous sommes un'*, Jean 10,30.
 Le projet de Dieu,…
c'est chasser le mal hors de l'homme ;
c'est unifier ce que le mal a dispersé ;
c'est extirper, arracher les liens qui soumettent l'homme à la force du mal ;
c'est libérer l'homme et lui rendre la joie.
 Alors, laissons-nous travailler par Dieu. Laissons-nous aimer par Dieu. Laissons-nous habiter par Dieu. Et recevons la joie.

<u>Mercredi</u>

 En quittant la synagogue de Capharnaüm, Jésus, accompagné de Jacques et de Jean, va chez Simon et André…
 Le soir venu, après le coucher du soleil, on lui amenait tous les malades, et ceux qui étaient possédés par un esprit mauvais. La ville entière se presse à sa porte. Il guérit toutes sortes de malades, il chasse beaucoup d'esprits mauvais et il les empêche de parler, parce qu'ils savent qui il est.
 Le lendemain, bien avant l'aube, Jésus se lève. Il sort et va dans un endroit désert, et là il priait.
 Simon et ses amis se mettent à sa recherche. Quand ils le trouvent, ils lui disent : 'Tout le monde te cherche.'
 Mais Jésus leur répond : 'Partons ailleurs, dans les villages voisins, afin que là aussi je proclame la Bonne Nouvelle ; car c'est pour cela que je suis sorti.'
 Il parcourait donc toute la Galilée, proclamant la Bonne Nouvelle dans les synagogues, et chassant les esprits mauvais.
Marc 1,29-39.
 Activités multiples. Agenda rempli. La salle d'attente ne désemplit pas. La nuit est courte. Jésus se retire. Il sort. Il s'éloigne. Le désert. Rien sinon le silence. La présence de Dieu qui remplit le

vide. Pas d'obstacle. Pas de bruit. Une plongée dans la présence de Dieu. Dans la bonté de Dieu. Dans la tendresse de Dieu. Dans la paix de Dieu. Combien de temps ? Peu importe. Le temps ne compte pas.

C'est pour Simon et les autres que le temps presse. Il faut reprendre l'agenda. Assurer les rendez-vous. Respecter le programme. Ils arrachent Jésus à la prière. Ils l'enlèvent du désert. Ils l'extirpent du silence.

Jésus ne recommence pas ce qu'il a fait le jour précédent. Ce n'est pas nécessaire. La Parole a été semée. Le Royaume de Dieu est en marche. Il faut aller plus loin. Vers d'autres malades. Vers d'autres errants. Il faut révéler la présence de Dieu. L'action de Dieu. L'amour de Dieu. La tendresse de Dieu. Partout. Toujours. Ici et ailleurs.

Et nous, avons-nous entendu la Parole ? Sommes-nous guéris ?

<u>Jeudi</u>

Un jour, un lépreux vient trouver Jésus ; il tombe à ses genoux et le supplie : 'Si tu le veux, tu peux me purifier.' Pris de pitié devant cet homme, Jésus étend la main, le touche et lui dit : 'Je le veux, sois purifié.' A l'instant même, sa lèpre disparaît et il est purifié... Marc 1,40-45.

Le merveilleux n'est pas un motif de foi. Le miracle n'est pas la cause de la conversion. La guérison du lépreux est la conséquence de sa foi et de sa confiance en Jésus, en sa capacité de le guérir, en l'efficacité de sa parole.

'Tu peux me purifier.'

Cette prière rejoint la volonté de Jésus. Elle correspond à son projet.

'Je le veux, sois purifié.'

« Je le veux, retrouve la paix intérieure. » « Je le veux, sois réconcilié avec toi-même. » « Je le veux, recouvre la vue sur ta vie intérieure. » « Je le veux, lève-toi, marche, redonne sens à ta vie. » « Je le veux, abandonne ton désir de mort, sois vivant. »…

Notre but, n'est-il pas d'être en accord avec Dieu ? Ajustés à son projet ? Motivés par sa bonté ? Dynamisés par son amour ? Efficaces par sa présence ?

Vendredi

Jésus était de retour à Capharnaüm. Et la nouvelle se répandit qu'il était à la maison. Tant de monde s'y rassemble qu'il n'y a plus de place, même devant la porte. Jésus leur annonçait la Parole de Dieu.
Arrivent des gens qui lui amènent un paralysé, porté par quatre hommes. Comme ils ne peuvent l'approcher à cause de la foule, ils découvrent le toit, font une ouverture au-dessus de Jésus, et descendent l'infirme couché sur son brancard.
Voyant leur foi, Jésus dit au paralysé : 'Mon fils, tes péchés sont pardonnés.'
Or, il y avait dans l'assistance quelques scribes qui raisonnaient en eux-mêmes : 'Pourquoi cet homme parle-t-il ainsi ? Il blasphème. Dieu seul peut pardonner les péchés.'
Pénétrant aussitôt leur pensée, Jésus leur dit : 'Pourquoi tenir de tels raisonnements ? Qu'est-ce qui est le plus facile ? De dire au paralysé : tes péchés sont pardonnés, ou bien de dire : lève-toi, prends ton brancard et marche ? Eh bien ! Pour que vous sachiez que le Fils de l'homme a le pouvoir de pardonner les péchés sur la terre, - Je te l'ordonne, (dit-il au paralysé), lève-toi, prends ton brancard et rentre chez toi.'
L'homme se lève, prend aussitôt son brancard, et sort devant tout le monde. Tous étaient stupéfaits et rendaient gloire à Dieu, en disant : 'Nous n'avons jamais rien vu de pareil.' Marc 2,1-12.

Lorsque la salle d'attente est remplie de patients. Lorsqu'il n'y a plus de sièges disponibles. Lorsque l'attente risque de durer. On se demande si l'on ne va pas revenir le lendemain. Et puis, si la maladie nous accable, si le mal est insupportable, on attend patiemment son tour.

Y avait-il de l'impatience chez ce paralysé ? Y avait-il une urgence pour rencontrer Jésus ? Souffrait-il au point de vouloir s'approcher de Jésus immédiatement ? Sa détermination est grande. Sa volonté sans faille. Sa confiance sans limite.

Mais, faire une telle démarche pour s'entendre dire : ***'Tes péchés sont pardonnés !'***

Il était venu pour la guérison de son corps, pas pour le pardon de ses péchés. D'ailleurs, péché, qu'est-ce à dire ? Lui qui est sur son lit depuis si longtemps. Bien sûr, il s'est révolté. Il a accusé Dieu, responsable de son malheur. Il a abandonné la prière. Il a marqué sa colère. Il a fait des reproches. Il s'est aigri. Il est devenu triste. Il s'est lassé de vivre. Il a eu des désirs de mort…

En quelques mots, Jésus a tout compris. Le pardon des péchés, c'est une reconnaissance de sa souffrance. De sa mort lente. De son déclin.

Le pardon des péchés, c'est un retour à la vie. Non pas celle d'avant, mais une autre vie. Celle où l'espérance est possible. Celle où une réconciliation est effective. Celle où la joie est présente. Celle où la solitude est rompue. Celle où un devenir est annoncé. Celle où une présence aimante est permanente.

Celui qui pardonne les péchés est lié au pécheur pardonné. Une amitié est établie. Une intimité est créée. Dieu et l'homme. L'homme et Dieu.

Déjà, le paralysé n'est plus paralysé intérieurement. Les liens qui le retenaient sont rompus. Il est libéré. Il est libre.

Si la guérison de son corps immobilisé est bienvenue, elle est en-deçà de l'autre guérison. Elle présente cependant l'avantage d'être visible aux yeux des hommes. Elle rend visible la première guérison intérieure où déjà l'homme est debout et où il marche. Il fallait donc guérir le corps pour rendre témoignage.

Toi aussi, lève-toi et marche.

Samedi

Après avoir guéri un paralysé, à Capharnaüm, Jésus sortit de nouveau, sur la rive du lac ; toute la foule venait auprès de lui, et il les instruisait. En passant, il vit Lévi, le fils d'Alphée, assis au bureau de la douane, et il lui dit : 'Suis-moi !' Cet homme se leva et suivit Jésus... Marc 2,13-17.

Si les gens avaient pu voter. S'ils avaient pu donner leur avis, sûr qu'ils n'auraient pas choisi Lévi. Ce publicain. Ce collecteur d'impôts. Ce profiteur. Ce voleur.

Ils le méprisaient. Ils le fuyaient. Ils le rejetaient.

C'est justement lui, que Jésus rencontre. Lui, auquel Jésus s'intéresse. Lui, à qui Jésus propose son amitié. Lui, avec qui Jésus veut partager son quotidien.

Lévi n'hésite pas. Rien ne le retient. Ni l'argent. Ni sa profession. Ni son statut. Ni sa carrière. Ni son avenir. Il se lève et suit Jésus. Sans rien emporter. Sans valises. Sans argent. Sans sécurité. Avec seulement la volonté d'aimer. Aimer Dieu. Aimer les autres. Sans poser de questions. Sans demander un salaire. Sans exiger une compensation.

Seulement la paix.
Seulement la joie.

2ème semaine

Lundi

Comme les disciples de Jean Baptiste et les pharisiens jeûnaient, on vient demander à Jésus : 'Pourquoi tes disciples ne jeûnent-ils pas, comme les disciples de Jean et les pharisiens ?'

Jésus répond : 'Les invités de la noce jeûneraient-ils donc, pendant que l'Epoux est avec eux ? Tant qu'ils ont l'Epoux avec eux, ils ne peuvent pas jeûner. Mais un temps viendra où l'Epoux leur sera enlevé : ce jour-là ils jeûneront.

Personne ne raccommode un vieux vêtement avec une pièce d'étoffe neuve ; autrement la pièce neuve tire sur le vieux tissu et le déchire davantage.

Ou encore, personne ne remplit de vieilles outres avec du vin nouveau ; autrement la fermentation fait éclater les outres, et l'on perd à la fois le vin et les outres. A vin nouveau, outres neuves.' Marc 2,18-22.

Il ne s'agit pas de recoller les morceaux. Il ne s'agit pas de raccommodages. L'Evangile est une nouveauté. Le contenu est inédit. Jésus annonce une bonne nouvelle.

L'Evangile ne suscite pas l'ennui. Il ne crée pas de la lassitude. Il invite à un retournement. A un renversement de nos habitudes. Il construit du neuf. Il repose sur de nouvelles fondations.

Dieu n'est pas dans son ciel. Dieu est sur la terre. Dieu marche sur la route des hommes. Dieu accompagne l'homme. Dieu habite chez l'homme. Dieu est intérieur à l'homme. Dieu se met au service de l'homme.

Révolution. Bouleversement.

Mais les hommes préfèrent porter des habits raccommodés. Ils utilisent des outres usagées. La Bonne Nouvelle rencontre l'indifférence.

Mardi

Un jour de sabbat, Jésus marchait à travers les champs de blé ; et ses disciples, chemin faisant, se mirent à arracher des épis.

Les pharisiens lui disaient : 'Regarde ce qu'ils font le jour du sabbat ! Ce n'est pas permis.'

Jésus leur répond : 'N'avez-vous jamais lu ce que fit David, lorsqu'il fut dans le besoin et qu'il eut faim, lui et ses compagnons ? Il entra dans la maison de Dieu et mangea les pains de l'offrande que seuls les prêtres peuvent manger, et il en donna aussi à ses compagnons.'

Jésus ajoute : 'Le sabbat a été fait pour l'homme, et non l'homme pour le sabbat. Voilà pourquoi le Fils de l'homme est maître, même du sabbat.' Marc 2,23-28.

Vous avez vu ? Il héberge un « sorti de prison ».
Vous avez vu ? Elle demande un service au chômeur.
Vous avez vu ? Il partage son repas avec un SDF
Vous avez vu ? Elle rend visite au malade du sida.
Vous avez vu ? Il accueille la famille musulmane.
Vous avez vu ? Elle parle avec la prostituée.

Ce n'est pas conforme à notre religion. Ce n'est pas en accord avec ce qu'on nous a enseigné. Ce n'est pas dans la ligne de notre tradition.

Mais c'est conforme à l'Evangile. C'est en accord avec le projet de Dieu. C'est dans la ligne de l'enseignement de Jésus.

L'Evangile est libérateur.

Mercredi

Un jour de sabbat, Jésus entra dans une synagogue ; il y avait là un homme dont la main était paralysée. On observait Jésus pour voir s'il le guérirait le jour du sabbat ; on pourrait ainsi l'accuser.

Jésus dit à l'homme qui avait la main paralysée : 'Viens te mettre là devant tout le monde.' Et s'adressant aux autres : 'Est-il permis, le jour du sabbat, de faire le bien ou de faire le mal ? de sauver une vie ou de tuer ?' Mais ils se taisaient.

Alors, promenant sur eux un regard de colère, navré de l'endurcissement de leurs cœurs, il dit à l'homme : 'Etends la main.' Il l'étend, et sa main est guérie... Marc 3,1-6.

Un miracle pour faire comprendre que l'amour est plus important que la Loi.
Mais, pour l'homme, cette main paralysée…
    et il ne savait plus travailler ;
    il ne savait plus manifester son amitié ;
    il ne savait plus couper son pain ;

il ne savait plus puiser l'eau du puits ;
il ne savait plus aider les autres…

Alors, il fallait le guérir pour qu'il recommence à vivre. Pour qu'il recommence à aimer. Pour qu'il recommence à être respecté.

Ne gardons pas nos mains en poches.

Tendons-les pour accueillir, pour aider, pour aimer.

Quels que soient les a priori, les rumeurs, les interdits, les jugements, les rejets, les moqueries.

Jeudi

Jésus, avec ses disciples, se retira au bord du lac et, de la Galilée, beaucoup de gens le suivirent ; et de la Judée, de Jérusalem, de l'Idumée, de la Transjordanie, du pays de Tyr et de Sidon, beaucoup de gens, apprenant tout ce qu'il faisait, vinrent vers lui.

Il dit à ses disciples de lui garder une barque à cause de la foule, pour que celle-ci ne l'entoure pas de trop près. Car il avait fait beaucoup de guérisons, si bien que tous ceux qui souffraient de maladies se précipitaient sur lui pour le toucher. Et les esprits mauvais, quand ils le voyaient, se prosternaient devant lui, et criaient : 'Tu es le Fils de Dieu !' Mais, avec des menaces, il leur interdisait de le faire connaître. Marc 3,7-12.

C'est le succès de foule. Et il n'y a pas de service d'ordre. Pas de barrières Nadar.

D'ailleurs, ce serait inutile. La bonté se moque des obstacles. Elle n'a pas besoin de protections. Elle se donne en abondance. Sans limites. Sans conditions. Dieu est à l'œuvre. Dieu est en action.

Amour. Générosité. Don. Amitié. Compassion. Guérison. Réconciliation. Résurrection. La Bonne Nouvelle agit. Elle est vivante. Au bord du lac. Ici. Là. Partout. Hier. Aujourd'hui. Demain. Le monde en marche. Le monde transformé. Dieu présent.

Vendredi

Jésus s'en va dans la montagne, il appelle auprès de lui ceux qu'il voulait, et ils se rendirent auprès de lui.
Il en institua douze, pour qu'ils soient avec lui, et pour les envoyer prêcher, en leur donnant le pouvoir de chasser les démons.
Il institua donc les Douze : Simon, à qui il donna le nom de Pierre ; Jacques fils de Zébédée, et Jean le frère de Jacques, et il leur donna le nom de Boanerguès (c'est-à-dire : Fils du Tonnerre) ; André, Philippe, Barthélemy et Matthieu ; Thomas, Jacques le fils d'Alphée ; Thaddée, Simon le Cananéen, et Judas Iscarioth, celui qui le livra. Marc 3,13-19.

Tous appelés ! Ils sont là. Venus de partout. De toutes conditions. De tous milieux. De toutes races. De tous peuples. De tous âges. Hommes et femmes. Vieillards et enfants. Riches et pauvres.

Tous appelés au bonheur. A la joie. A l'amour. A la réconciliation. A la guérison. A la résurrection.

La multitude. *'Une foule immense que nul ne pouvait dénombrer…'* (Apocalypse 7,9a). Et nous en sommes. Vous. Moi. Les autres. Nos noms sont inscrits dans le livre de vie. (Apocalypse 21,27b).

<u>Samedi</u>

Jésus entre dans une maison, où de nouveau la foule se rassemble, si bien qu'il n'était même pas possible de manger.
Sa famille, l'apprenant, vient pour se saisir de lui, car ils affirmaient : 'Il a perdu la tête.' Marc 3,20-21.

Ce n'est pas raisonnable. Il a perdu la raison.
Comment peut-on vivre si pauvre et être heureux ?
Comment peut-on accueillir le mépris avec douceur ?
Comment peut-on accepter la solitude sans en souffrir ?
Comment peut-on chercher la réconciliation sans se décourager ?
Comment peut-on consentir à la persécution sans se rebeller ?

Comment peut-on entendre les calomnies sans nourrir de rancune ?

Comment peut-on accompagner ceux qui souffrent sans être abattu ?

Comment peut-on pardonner sans jamais se lasser ?

Comment peut-on vivre dans la joie sans entendre les prophètes de malheurs ?

Ce n'est pas raisonnable, parce que cela vient du cœur,
parce que cela vient de la foi en un Dieu qui est comme cela.

3ème semaine

Lundi

Les scribes qui étaient descendus de Jérusalem, disaient de Jésus : 'Il est possédé par Béelzéboul ; c'est par le chef des démons qu'il expulse les démons.'

Les appelant près de lui, Jésus dit en parabole : 'Comment Satan peut-il expulser Satan ? Si un royaume est divisé, ce royaume ne peut pas tenir. Si une famille est divisée, cette famille ne pourra pas tenir. Si Satan s'est dressé contre lui-même, s'il est divisé, il ne peut pas tenir ; c'en est fini de lui. Personne ne peut entrer dans la maison d'un homme fort et voler ses biens, s'il ne l'a d'abord ligoté. Alors seulement il pillera sa maison... Marc 3,22-30.

C'est un démon ! Il a le diable dans la peau !

Certains meurtres sont tellement odieux que leurs auteurs sont comparés au démon, au diable. On dit qu'ils sont l'incarnation du mal. Qu'ils ne pourront jamais s'amender. Sortis de prison, qu'ils ne pourront se réinsérer dans la société. Condamnation radicale, définitive, sans aucun recours, sans circonstances atténuantes.

Plus tard, quand l'émotion est apaisée, quand les faits ont déserté les colonnes des journaux, quand le sujet ne fait plus le succès des chaînes de télévision, il est possible d'aborder la question de la responsabilité du meurtrier ou de l'auteur du délit.

L'être humain est-il irrécupérable ? Doit-il être banni de la société ? Doit-il disparaître de la surface de la terre ?

Les délits, les homicides nous permettent de réfléchir sur la condition humaine et les forces du mal capables de l'anéantir.

Le mal est insidieux. Il s'infiltre, il s'installe là où on ne s'y attend pas. Il est tapi dans l'ombre. Il se mêle à notre quotidien.

Si on n'y prend garde, il prend de l'importance. Il devient incontrôlable. Il divise pour mieux régner. Il affaiblit l'humain pour mieux le dominer. Il est menteur pour mieux le commander. Il se reproduit pour gagner en puissance.

Dès qu'il apparaît, le mal doit être repéré, cerné, écrasé, détruit, anéanti. Aucun arrangement. Le mal doit être éliminé de notre vie.

Son plus grand ennemi est le bien. La vérité. La bonté. C'est un combat quotidien. Un combat de chaque instant. Le bien avec répétition. Le bien comme une habitude.

La prière. Moyen efficace pour faire le bon choix. Pour le discernement. Pour l'ajustement de notre vie à la bonté de Dieu.

Lorsque Dieu occupe le terrain, il n'y a pas de place pour le mal.

Alors, l'accusation suprême était bien celle-là : Jésus possédé du démon !

Jésus passait en faisant le bien. Tout, en lui suscitait le bien. Le partage. Le don de soi-même. L'attention aux autres. La compassion. La prière. La relation avec Dieu. Vivre son enseignement au quotidien est l'assurance de s'établir dans le bien.

En Jésus, par Jésus, le mal est définitivement vaincu. Nous sommes délivrés du mal. Libérés. Les liens rompus.

Avec Jésus, nous sommes entrés dans un processus d'édification du bien. Par la bonté. Par le pardon. Par la justice.

Nous sommes venus à la lumière. La lumière nous illumine. Elle est intérieure. Elle est présence de Dieu.

<u>Mardi</u>

Jésus entre dans une maison, où la foule se rassemble. Sa mère et ses frères arrivent. Restant au-dehors, ils le font demander.

Beaucoup de gens étaient assis autour de lui ; et on lui dit : 'Ta mère et tes frères sont là dehors, qui te cherchent.'

Mais Jésus leur répond : 'Qui est ma mère ? qui sont mes frères ?' Et parcourant du regard ceux qui étaient assis en cercle autour de lui, il dit : 'Voici ma mère et mes frères. Celui qui fait la volonté de Dieu, voilà mon frère, ma sœur, ma mère.' Marc 3,31-35.

La mère et les frères de Jésus sont venus pour se saisir de lui. Pour l'arracher à la prédication. Pour le ramener à la maison. Pour lui faire entendre raison. Pour le faire rentrer dans le rang. Pour l'obliger à se conformer à l'ordre établi. Pour qu'il soit comme les autres. Pour qu'il pense comme les autres. Pour qu'il se comporte comme les autres… **En effet ses frères eux-mêmes ne croyaient pas en lui.** Jean 7,5.

Pourtant, il a une vérité à laquelle il ne peut se soustraire. Il possède un amour qu'il ne peut fuir. Il détient un feu qu'il ne peut éteindre. Il vit une pauvreté à laquelle il ne peut renoncer. Il est rempli d'une présence qu'il ne peut ignorer. Il jouit d'un bonheur qu'il ne peut quitter.

Dieu, pour aimer et pour vivre.

Faire la volonté de Dieu….
ce n'est pas une soumission aveugle ;
ce n'est pas un déni de soi-même ;
ce n'est pas se renier soi-même ;
ce n'est pas cesser d'exister ;
ce n'est pas perdre son autonomie…

Faire la volonté de Dieu…
c'est vivre l'amour, la bonté, la tendresse de Dieu ;

c'est vivre les Béatitudes, elles définissent Dieu : Dieu-Pauvre, Dieu-Douceur, Dieu-Justice, Dieu-Pardon, Dieu-Paix, Dieu-Réconciliation, Dieu-Compassion, Dieu-Vérité ;
c'est s'ajuster au projet de Dieu : la réalisation, la plénitude en Dieu ;
c'est consentir à ce qui se présente à nous avec la confiance en la présence agissante de Dieu en chacun de nous ;
c'est trouver la liberté en vivant les valeurs évangéliques : pauvreté, justice, réconciliation, pardon ;
c'est mourir dans la sérénité avec la certitude du face à face éternel avec Dieu.

<u>Mercredi</u>

Jésus se mit de nouveau à enseigner au bord du lac. Et une très grande foule se rassemble auprès de lui, si bien qu'il monte en barque sur le lac, et s'assied, tandis que toute la foule était sur le bord du lac. Il leur enseignait beaucoup de choses en paraboles.

Il leur disait donc dans son enseignement : 'Ecoutez ! Voilà que le semeur est sorti pour semer.

Comme il semait, du grain est tombé au bord du chemin, les oiseaux sont venus et l'ont mangé.

Du grain est tombé aussi sur le sol pierreux où il n'y avait pas beaucoup de terre, et aussitôt il a levé, parce qu'il n'avait pas de profondeur de terre ; et quand le soleil s'est levé, le grain a été brûlé et, faute de racine, il s'est desséché.

Du grain tomba aussi dans les épines ; les épines, en grandissant, l'ont étouffé, et il n'a pas donné de fruit.

Des graines tombèrent dans la bonne terre, et elles donnèrent du fruit, en montant et en se développant, et elles portèrent tantôt trente, tantôt soixante, et tantôt cent.'

Et Jésus disait : 'Celui qui a des oreilles pour entendre, qu'il entende !'

Quand il fut seul, ceux qui étaient autour de lui ainsi que les Douze le questionnaient sur les paraboles.

Et il leur disait : 'Quand à vous, le mystère du Royaume de Dieu, vous a été donné ; mais pour ceux-là qui sont au dehors il n'y a plus que des paraboles, si bien que : ils ont beau regarder, ils ne voient pas ; ils ont beau entendre, ils ne comprennent pas, car ils pourraient se convertir et obtenir leur pardon.'

Et il leur dit : 'Vous ne saisissez pas cette parabole ? Alors comment comprendrez-vous toutes les paraboles ?

Le semeur, c'est la Parole qu'il sème.

Les uns sont au bord du chemin où l'on sème la Parole : lorsqu'ils ont entendu, Satan vient aussitôt, et il enlève la Parole semée en eux.

Et il y a de même ceux qui ont été semés sur les endroits pierreux ; ceux-là, quand ils ont entendu la Parole, ils la reçoivent aussitôt avec joie, mais ils n'ont pas de racine en eux-mêmes, car ce sont les hommes d'un moment : ensuite, lorsque survient une épreuve ou une persécution à cause de la Parole, aussitôt ils tombent.

Et il y en a d'autres, ceux qui sont semés dans les épines : ce sont ceux qui ont entendu la Parole ; mais les soucis du monde, les illusions de la richesse et les désirs de toute sorte les envahissent et étouffent la Parole, qui ne peut porter de fruit.

Quant à ceux qui ont été semés sur la bonne terre, ceux-là écoutent la Parole et l'accueillent ; ils portent du fruit, tantôt trente, tantôt soixante, et tantôt cent.' Marc 4,1-20.

Certains préfèrent lire un ouvrage en anglais. D'autres choisissent la traduction.

Certains regardent les films en version originale. D'autres entendent les dialogues dans leur langue.

Certains accrochent des copies de peintures sur leurs murs. D'autres parcourent les galeries des musées.

L'Evangile parvient jusqu'à nous, mais nous nous référons au catéchisme, à la Tradition. Croire ce qu'on a appris. Penser ce qui est permis. Faire comme on a toujours fait.

La semence de l'Evangile est devenue inutilisable. Vieillie. Humide. Moisie. Sitôt reçue, elle n'a pas germé, elle n'a pas été nourrie dans le terreau de notre vie.

Vivante, elle a perdu sa capacité de naître.
Forte, elle a perdu sa vigueur.
Joyeuse, elle a perdu son enthousiasme.
Dynamique, elle a perdu son élan.
Efficace, elle a perdu sa performance.

Nous étions porteurs de sa joie, nous avons choisi la déprime.

Il est temps de retrouver l'Evangile.

Jeudi

Jésus disait à ses disciples : 'Est-ce qu'on apporte la lampe pour la mettre sous le boisseau ou sous le lit ? N'est-ce pas pour la mettre sur le lampadaire ? Car il n'y a rien de caché qui ne soit destiné à être découvert, et rien de secret qui ne soit destiné à venir au jour. Si quelqu'un a des oreilles pour entendre, qu'il entende !'... Marc 4,21-25.

Nous voulons de grandes baies vitrées.

Nous voulons voir le soleil se lever et se coucher.

Nous aspirons à voir les jours s'allonger. Nous voulons quitter un temps de grisaille, un ciel couvert, le brouillard et la pénombre.

Nous avons la peur du « noir », l'angoisse de la nuit, l'attente du lever du jour. Nous désirons la lumière.

Un enfant au milieu de personnes âgées. Et les regards s'illuminent. Les visages se détendent. Les lèvres s'entrouvrent. Les plaintes se font silencieuses. Les souffrances sont atténuées. La solitude est disparue. Les bras se tendent. Les mains s'ouvrent. Les pas s'affirment. Le voile de tristesse est déchiré. Un rayon de soleil est apparu. La vie est reçue en abondance. Le bonheur est possible.

Heureux celui qui éclaire la vie, qui réchauffe la vie, qui porte la vie. On ne met pas la lampe sous le boisseau.

Vendredi

Parlant à la foule en paraboles, Jésus disait : 'Il en est du règne de Dieu comme d'un semeur qui jette le grain dans son champ : nuit et jour, qu'il dorme ou qu'il se lève, la semence germe et grandit, il ne sait comment. D'elle-même la terre produit l'herbe, puis l'épi, enfin du blé plein l'épi. Et dès que le blé est mûr, on y met la faucille, car c'est le temps de la moisson.'
Jésus dit encore : 'A quoi pouvons-nous comparer le règne de Dieu ? Par quelle parabole allons-nous le représenter ? Il est comme une graine de moutarde ; quand on la sème en terre, elle est la plus petite de toutes les semences du monde. Mais quand on l'a semée, elle grandit et dépasse toutes les plantes du jardin ; et elle étend de longues branches, si bien que les oiseaux du ciel peuvent faire leurs nids à son ombre.'... Marc 4,26-34.

Les actionnaires des entreprises suivent avec grand intérêt la courbe d'évolution des profits et les stratégies mises en place pour infléchir les tendances à la baisse.

Jésus lui, nous rassure d'emblée. Le règne de Dieu est en croissance constante. Sans assemblées générales, sans conseils d'entreprises, sans publicités. La graine semée est productive. Elle est efficace. Elle fructifie. Elle est vainqueur de tous les obstacles.

Ne gardez pas la graine au fond de votre sac.

Samedi

Toute la journée, Jésus avait parlé à la foule en paraboles. Le soir venu, il dit à ses disciples : 'Passons sur l'autre rive.'
Quittant la foule, ils emmènent Jésus dans la barque, comme il était ; et d'autres embarcations le suivaient. Survint une violente tempête. Les vagues se jetaient sur la barque, si bien que déjà elle se remplissait d'eau. Lui dormait sur le coussin à l'arrière.
Ses compagnons le réveillent et lui crient : 'Maître, nous sommes perdus ; cela ne te fait rien ?'

Réveillé, il menace le vent et commande à la mer : 'Silence, tais-toi.' Le vent tombe, et il se fait un grand calme.

Jésus leur dit : 'Pourquoi avoir peur ? Comment se fait-il que vous n'ayez pas la foi ?'

Saisis d'une grande crainte, ils se disaient entre eux : 'Qui est-il donc, pour que même le vent et la mer lui obéissent ?' Marc 4,35-41.

Que de tempêtes dans une vie. Echecs. Maladies. Deuils. Souffrances. Accidents. Séparations. Pertes d'emploi. Nous ramons. Nous luttons. « Pourvu que cela ne dure pas trop longtemps. Je n'ai plus la force. »

D'où me viendra le salut ? Dieu absent. Nous lui avons donné une place loin de nous. Nous lui avons interdit d'intervenir dans notre vie. « La grandeur de l'homme. La liberté de l'homme. »

Dieu n'est pas sur l'autre rive. Nous attendant, immobile. Témoin impassible de nos luttes et de nos combats, sans agir.

Dieu est sur le pont. Dieu est à nos pieds. Attendant une parole. Guettant une prière. Prêt à se dresser à nos côtés. Prêt à nous porter main forte. Prêt à assurer la traversée. Avec nous.

4ème semaine

Lundi

Jésus et les Douze traversèrent le lac et allèrent dans le pays des Géraséniens. Aussitôt que Jésus fut sorti de la barque, un homme possédé d'un esprit mauvais vint à sa rencontre ; il venait des tombeaux où il avait fait sa demeure. Personne ne parvenait plus à l'attacher, même avec une chaîne, car on l'avait souvent attaché avec des entraves et des chaînes, mais il avait brisé les chaînes et disloqué les entraves, et personne ne pouvait le maîtriser. Sans arrêt, nuit et jour, il était parmi les tombeaux ou dans les montagnes, à pousser des cris et à se frapper avec des pierres.

Lorsqu'il vit Jésus de loin, il courut se prosterner devant lui, et il cria très fort : 'Que me veux-tu, Jésus, fils du Dieu très-haut ? Je t'adjure par Dieu, ne me tourmente pas.' Car Jésus lui disait : 'Esprit mauvais, sors de cet homme.' Et il lui demandait : 'Quel est ton nom ? – Mon nom est : Légion, car nous sommes beaucoup.' Et il suppliait instamment Jésus de ne pas le chasser du pays.

Or, il y avait là, du côté de la montagne, un grand troupeau de porcs en train de paître. Les démons supplièrent Jésus : 'Envoie-nous vers les porcs, que nous y entrions.' Et il le leur accorda. Alors les esprits mauvais sortirent, ils entrèrent dans les porcs et le troupeau se jeta des hauteurs dans le lac ; ils étaient environ deux mille, et se noyèrent... Marc 5,1-20.

Les entraves, les liens, les chaînes ne peuvent le maîtriser. Inutiles. Insuffisants. Les liens intérieurs sont plus résistants que les liens extérieurs.

Il erre parmi les morts.

Il se blesse. Il se mutile.

Il se méprise. Il se hait.

Les cris. Le sang. La mort.

Pourtant cet esprit mauvais rencontre plus fort que lui. Plus puissant que lui.

L'esprit mauvais rencontre l'Esprit saint.

Il rencontre Jésus. Le béni de Dieu.

Dieu a autorité sur l'esprit mauvais. Il le domine. Il le soumet. Il l'expulse. Il le détruit. L'homme est libre. Il est apaisé.

Les démons que nous connaissons se font plus discrets. Ils sont néanmoins perfides, malveillants, trompeurs. Bousculés, ils s'accrochent. Jetés dehors, ils entrent par une autre issue. Combattus, ils résistent.

La seule arme qu'ils redoutent, c'est la prière. Lorsque Dieu s'en mêle, c'est l'anéantissement assuré. C'est la victoire avérée.

Délivre-nous du mal.

<u>Mardi</u>

Jésus regagne en barque l'autre rive et une grande foule s'assemble autour de lui. Il était au bord du lac. Arrive un chef de synagogue, nommé Jaïre. Voyant Jésus, il tombe à ses pieds et le supplie instamment : 'Ma petite fille est à toute extrémité. Viens lui imposer les mains pour qu'elle soit sauvée et qu'elle vive.'

Jésus partit avec lui…

A ce moment des gens arrivent de la maison de Jaïre pour annoncer à celui-ci : 'Ta fille est morte. A quoi bon déranger encore le Maître ?' Jésus surprenant ces mots, dit au chef de la synagogue : 'Ne crains pas, crois seulement.'

Il ne laisse personne l'accompagner, sinon Pierre, Jacques, et Jean son frère ; et ils arrivent à la maison du chef de la synagogue.

Jésus voit l'agitation, et des gens qui pleurent et poussent de grands cris. Il entre et leur dit : 'Pourquoi cette agitation et ces pleurs ? L'enfant n'est pas morte : elle dort.' Mais on se moque de lui. Alors il met tout le monde dehors, prend avec lui le père et la mère de l'enfant, et ceux qui l'accompagnent. Puis il pénètre là où reposait la petite fille.

Il saisit la main de l'enfant, et lui dit : 'Talitha koum' ; ce qui signifie : 'Petite fille, je te le dis, lève-toi.' Aussitôt la fille se lève et se met à marcher – elle avait douze ans.

Ils en sont complètement bouleversés. Mais Jésus leur recommandait avec insistance que personne ne le sache ; puis il leur dit de la faire manger. Marc 5,21-43.

'Ta fille est morte.'

Est-ce la fin de tout ? Est-ce la fin de l'espérance ? Est-ce la fin de la confiance ? Est-ce la fin de la foi ?

Tant que l'enfant était en vie, il y avait de l'espoir. Mais à présent qu'elle est morte ?

Il y a le moment avant la mort et le moment après la mort. Entre les deux, comme un fossé, comme un abîme.

' Ne crains pas, crois seulement.'

La foi à nu. La foi à vif. Sans contrepartie. Sans promesse de récompense. Croire parce que Dieu est Dieu, tout simplement. Croire en vérité. En s'abandonnant. En se donnant. En s'oubliant.

'Donnez-lui à manger.'

Maintenez-la en vie. Gardez-la debout. Entourez-la de votre amour, mais ne l'étouffez pas de votre affection. Donnez-lui la liberté de grandir.

Une petite fille va mourir.
Une fille morte.
Une jeune fille se tient debout.
Le processus de résurrection est en route.

<u>Mercredi</u>

Jésus part pour son pays, et ses disciples le suivent. Le jour du sabbat, il se met à enseigner dans la synagogue.

Les nombreux auditeurs, frappés d'étonnement, disaient : 'D'où cela lui vient-il ? Quelle est cette sagesse qui lui a été donnée, et ces grands miracles qui se réalisent par ses mains ? N'est-ce pas le charpentier, le fils de Marie, et le frère de Jacques, de José, de Jude et de Simon ? Ses sœurs ne sont-elles pas ici chez nous ?' Et il était pour eux un scandale.

Jésus leur dit : 'Un prophète n'est méprisé que dans son pays, sa famille et sa propre maison.'

Et là il ne put accomplir aucun miracle ; il guérit seulement quelques malades en leur imposant les mains. Il s'étonnait de leur manque de foi. Alors il parcourait les villages d'alentour en enseignant. Marc 6,1-6.

Nous sommes intéressés par son enseignement, mais nous ne savons pas quels ont été ses professeurs.

Nous sommes frappés par sa bonté, mais nous ignorons ses intentions.

Il y a des rabat-joie, des méprisants, des jaloux, des destructeurs, des méfiants…

Pourquoi ? Volonté de faire le mal ? Complexe d'infériorité ? Fermeture à ce qui est bien ?

Il nous arrive de nous trouver devant des personnes ayant des arguments d'autorité. Une volonté d'opposition. Un désir de cadenasser toutes les portes. Une opposition farouche à toute idée étrangère.

Nous voudrions aider et l'aide est refusée.
Nous voudrions aimer, et l'amour est rejeté.
Nous voudrions compatir, et la compassion est dénigrée.
Nous voudrions donner de l'espoir, et l'espérance est décriée.
Nous voudrions témoigner l'amour de Dieu, et le témoignage est ignoré.
Nous voudrions annoncer l'Evangile, et le message est ridiculisé.
Nous voudrions apporter la joie, et la tristesse est préférée.
    Mais la confiance nous porte à croire qu'un jour,
      par la bonté, nous pourrons apporter la paix.

<u>Jeudi</u>

Jésus appelle les Douze, et pour la première fois il les envoie deux par deux.
Il leur donne autorité sur les esprits mauvais, et leur prescrit de ne rien emporter pour la route, si ce n'est un bâton ; de n'avoir ni pain, ni sac, ni pièces de monnaie dans leur ceinture. 'Mettez des sandales, ne prenez pas de tunique de rechange.' Il leur dit encore : 'Quand vous avez trouvé l'hospitalité dans une maison, restez-y jusqu'à votre départ. Si dans une localité on refuse de vous recevoir et de vous écouter, partez en secouant la poussière de vos pieds pour témoigner contre eux.'
Ils partirent, et proclamèrent qu'il faut se convertir. Ils chassaient beaucoup de démons, faisaient des onctions d'huile à de nombreux malades, et les guérissaient. Marc 6,7-13.

Des hommes et des femmes parcourent le monde annonçant que le mal est vaincu définitivement. Que Dieu est bon. Que Dieu s'est approché de l'homme. Que Dieu est intérieur à l'homme. Que Dieu respecte la liberté de l'homme. Que Dieu aime en vérité. Que l'avenir de l'homme est en Dieu. Que le mal retient l'homme dans ses liens. Que le mal enferme l'homme dans les ténèbres. Que Dieu guide l'homme vers la lumière de la vie.

Sommes-nous des envoyés ? Avons-nous accepté cette mission de Jésus ? Il n'est pas nécessaire de faire sa valise. Nous ne partons pas au loin. Notre mission est ici et maintenant. Là où nous vivons. Dans notre famille. Dans notre quartier. Dans notre ville ou village. Dans notre milieu de travail.

Elle consiste à vivre la joie. A rayonner la paix. A laisser émerger la présence de Dieu en nous par la bonté, par la douceur, par la justice, par la réconciliation, par l'amour et la tendresse.

Habités par Dieu, nous le rencontrons aussi dans les autres, les petits, les pauvres, les artisans de paix, les miséricordieux. Tous ceux qui travaillent à l'édification d'un monde plus juste, plus aimant, plus indulgent, plus solidaire.

Tenons-nous debout. Portons notre regard sur celui ou celle qui m'est donné à aimer. Celui ou celle que Dieu m'a confié. Celui ou celle qui attend mon témoignage de l'amour et de la bonté de Dieu.

<u>Vendredi</u>

Le roi Hérode entendit parler de Jésus, car son nom devenait célèbre, et l'on disait : 'C'est Jean le Baptiste qui est ressuscité des morts ; voilà pourquoi il fait des miracles.' D'autres disaient : 'C'est Elie !' et d'autres encore : 'C'est un prophète comme les autres.' Hérode, ayant donc entendu parler de Jésus, disait : 'Celui que j'ai fait décapiter, Jean, est ressuscité !'... Marc 6,14-29.

Oui, nous avons entendu parler de lui.

Oui, nous avons une idée de qui il est.

Oui, nous connaissons l'année de sa naissance et nous savons qu'il est mort sur une croix.

Oui, nous croyons savoir que...

Mais, qui est Jésus vraiment ? Qu'a-t-il enseigné ? Quel est son apport pour l'humanité ? En quoi a-t-il changé le monde ?

Autant de questions que nous évitons ou que nous refusons.

Parce que…
on ne nous a pas appris à penser « Dieu » ;
on ne nous a pas permis de nous questionner sur Dieu ;
on ne nous a pas autorisés à exprimer nos doutes, nos difficultés, nos idées, notre foi.

Alors, nous avons continué…
à croire ce qu'on nous a appris ;
à prier de la manière qu'on nous a enseignée ;
à penser ce que d'autres ont pensé pour nous.

Et notre foi est devenue un ensemble de pratiques, de connaissances superficielles, de mots incompris, de paroles non renouvelées.

Nous ne savions pas…
que Dieu n'est pas au ciel, mais auprès de nous, en nous, plus nous que nous-mêmes ;
que Dieu n'est pas un justicier, mais un Père qui pardonne, soucieux de notre pleine humanisation ;
que Dieu n'est pas une puissance écrasante, mais une puissance d'amour et de tendresse ;
que Dieu n'est pas inaccessible, mais un Dieu que l'on rejoint dans le silence, un Dieu dont nous devenons l'intime et qui est notre confident ;
que Dieu n'est pas une statue figée, sans vie, mais un Dieu actif, agissant, performant, efficace dans notre vie et dans le monde, pour nous conduire à notre pleine réalisation ;
que Dieu ne reporte pas notre bonheur à plus tard, si nous sommes sans péchés, mais un Dieu qui, sans cesse, se réconcilie avec nous-mêmes, qui, sans cesse, nous recrée, qui, sans cesse, nous rétablit dans l'alliance en nous donnant la paix, la joie, le bonheur : anticipation du face à face éternel.

Quel est le contenu de notre foi ?

Samedi

Après leur première mission, les Apôtres se réunissent auprès de Jésus, et lui rapportent tout ce qu'ils ont fait et enseigné.
Il leur dit : 'Venez à l'écart dans un endroit désert, et reposez-vous un peu.' De fait, les arrivants et les partants étaient si nombreux qu'on n'avait même pas le temps de manger... Marc 6,30-34.

Nous sommes fatigués. Surmenés. Pressés. Oppressés. Stressés. Epuisés.

Qui nous permettra de nous arrêter ? De souffler ? De déstresser ? De nous reposer ? De devenir nous-mêmes ?

La vie est trépidante. Le travail s'accumule. Le temps est réduit. Les événements nous bousculent.

Nous sommes en danger. Notre vie est en danger. Notre existence ne peut tenir le rythme.

'Venez à l'écart dans un endroit désert, et reposez-vous un peu.'
Retrouver son être. Sa raison de vivre. Sa joie de vivre.
Retrouver son intériorité. Sa spiritualité. Sa beauté.
Retrouver sa force. Sa capacité. Sa liberté.
Retrouver Dieu. Sa présence. Sa tendresse.

Et s'abandonner dans le repos de Dieu.
Dans le bonheur de Dieu.

5ème semaine

Lundi

Jésus et ses disciples traversèrent le lac ; ils rejoignirent la rive à Génésareth et ils abordèrent.
Quand ils eurent débarqué, aussitôt des gens qui l'avaient reconnu parcoururent toute cette région ; et ils se mirent à apporter les mal portants sur des civières là où ils apprenaient sa présence.

Dans tous les endroits où il arrivait, villages, villes ou fermes, on déposait les malades sur les places, et on le suppliait afin de pouvoir toucher au moins la frange de son manteau. Et ceux qui le touchaient étaient guéris. Marc 6,53-56.

Afin d'éviter la rencontre avec une personne, on peut feindre de ne pas la reconnaître. Pour se tirer d'embarras. Par lâcheté. Par trahison. Par veulerie.

Dire que l'on est croyant. Affirmer qu'on est chrétien. Cela demande parfois du courage.

Parce que…
nous craignons la réaction des autres ;
nous ne voulons pas paraître différents de la majorité ;
nous croyons sans grandes convictions ;
nous considérons que la foi fait partie de la vie privée ;
nous pensons que c'est sans importance.

Mais, c'est en reconnaissant Jésus que nous sommes guéris. C'est en témoignant notre confiance, notre loyauté, notre attachement, que notre foi s'affermit, se consolide, s'édifie, s'affirme.

La foi n'est pas quelque chose enfoui dans la poche ou dans le sac à main que l'on sort lorsque la voie est libre, lorsqu'il n'y a aucun risque d'être interpellé, lorsqu'il n'y a aucun danger d'être questionné.

Pour rencontrer Jésus, il faut le reconnaître,
il faut acquiescer à sa présence, il faut entrer en dialogue,
il faut oser la conversion, il faut accepter d'être heureux.

Mardi

Les pharisiens et quelques scribes étaient venus de Jérusalem. Ils se réunissent autour de Jésus et voient quelques-uns de ses disciples prendre leur repas avec des mains impures, c'est-à-dire non lavées…

Alors les pharisiens et les scribes demandent à Jésus : 'Pourquoi tes disciples ne suivent-ils pas la tradition des anciens ? Ils mangent sans s'être lavé les mains.'

Jésus leur répond : 'Isaïe a fort bien prophétisé de vous, hypocrites, dans ce passage de l'Ecriture : Ce peuple m'honore en paroles, mais son cœur est loin de moi. Il est inutile, le culte qu'ils me rendent ; les doctrines qu'ils enseignent ne sont que des préceptes humains. Vous laissez de côté le commandement de Dieu.'... Marc 7,1-13.

Les principes établis. La tradition à respecter. Les interdits infranchissables. Les règles créées. Les obligations imposées.

La bonté, l'amour, la vérité, la justice sont au-delà du permis et du défendu.

Les commandements balisent le chemin. Ils ne sont pas le chemin.

Sur le chemin, il y a la liberté de l'homme. Il y a l'amour de Dieu. Il y a l'Evangile.

Ne marchons pas dans le fossé avec la crainte de perdre la direction à suivre. Marchons avec confiance au milieu du chemin, précédés par la lumière de l'amour de Dieu.

Mercredi

Jésus disait à la foule : 'Ecoutez-moi tous, et comprenez bien. Rien de ce qui est extérieur à l'homme et qui pénètre en lui ne peut le rendre impur. Mais ce qui sort du cœur, voilà ce qui rend l'homme impur. Celui qui a des oreilles pour entendre, qu'il entende !'

Et quand il fut entré à la maison, loin de la foule, ses disciples lui demandaient le sens de cette parabole.

Il leur dit : 'Ainsi vous êtes, vous aussi, sans intelligence ? Ne comprenez-vous pas que rien de ce qui entre du dehors dans l'homme ne peut le rendre impur, parce que cela n'entre pas dans son cœur mais dans le ventre, pour être éliminé ?'

Ainsi, il déclarait que tous les aliments sont purs. Il disait : 'Ce qui sort de l'homme, c'est cela qui rend l'homme impur. Car c'est du dedans, du cœur de l'homme, que sortent les pensées perverses : inconduite, vols, meurtres, adultères, cupidités, méchancetés, fraude, débauche, envie, diffamation, orgueil et démesure. Tout le mal vient du dedans et rend l'homme impur.' Marc 7,14-23.

Il existe des statuettes représentant un petit singe qui se bouche les oreilles, qui se cache les yeux et qui dissimule sa bouche. Ne rien entendre. Ne rien voir. Ne rien dire.

Nous ne pouvons vivre de cette manière.

Le mal et le bien sont sous nos yeux. Nous les voyons et nous les entendons. Ils prennent place dans notre mémoire. Ils nous sollicitent. Ils éveillent un intérêt de notre part.

Si nous n'y prenons garde, le mal peut nous inciter, nous tenter, retenir notre attention, vouloir se reproduire.

Que faisons-nous de toutes les images qui envahissent nos écrans ?

Que faisons-nous de tout ce que nous entendons : rumeurs, mensonges, manipulations ?

Prendre distance. Discerner. Choisir. Rejeter.

'Maintenant donne-moi sagesse et bon sens, pour que je sache me conduire devant ce peuple.' 2 Chroniques 1,10.

Jeudi

Jésus se rendit dans le pays de Tyr. Il entra dans une maison, et il ne voulait pas qu'on le sache, mais il ne put demeurer caché, car aussitôt, une femme dont la jeune fille était possédée par un démon impur, et qui avait entendu parler de lui, vint se prosterner à ses pieds.

Or cette femme était païenne, syro phénicienne d'origine. Elle le priait de chasser le démon hors de sa fille. Mais Jésus lui disait : 'Laisse d'abord les enfants se rassasier ; car ce n'est pas bien de prendre le pain des enfants pour le jeter aux petits chiens.'

Elle lui répliqua : 'Bien sûr, Seigneur, mais les petits chiens, sous la table, mangent les miettes laissées par les enfants.'

Jésus lui dit : 'A cause de cette parole, va, le démon est sorti de ta fille.'

Elle rentra chez elle et trouva l'enfant étendue sur son lit : le démon était parti. Marc 7,24-30.

La fragilité d'un enfant contre les forces du mal.
Une jeune fille qui a maille à partir avec un démon.
Combat inégal. Alors la mère vient trouver Jésus.

Mais voici que Jésus tergiverse. Non pas qu'il refuse cet exorcisme, mais il fait appel à la foi de celle qui présente la requête.
On donne le pain, d'abord aux enfants de la maison.
Il faut tenir compte en premier lieu de ceux qui croient.
Il faut répondre d'abord à leur élan de foi.
Il y a une préséance à respecter.
Il y a une priorité à satisfaire.

Alors la femme démontre à Jésus qu'elle entre dans la catégorie des prioritaires. Qu'elle peut être admise dans la communauté des croyants.

Peu importe que nous soyons convive invité ou mendiant. Que nous soyons à table ou aux pieds des convives. C'est le même pain. Le morceau de pain ou les miettes. La même foi. La même confiance.

Jésus ne peut résister à celui ou à celle qui croit. La prière confiante est toujours exaucée. Si elle ne l'est pas dans l'immédiat, elle le sera plus tard. Elle sera une libération. Un lâché prise. Une confiance plus forte. Une foi plus solide. Un bonheur de se savoir aimé.

<u>Vendredi</u>

Jésus quitte la région de Tyr ; passant par Sidon, il prend la direction du lac de Galilée et va en plein territoire de la Décapole.

On lui amène un sourd-muet, et on le prie de poser la main sur lui.

Jésus l'emmène à l'écart, loin de la foule, lui met les doigts dans les oreilles ; et, prenant de la salive, lui touche la langue. Puis, les yeux levés au ciel, il soupire et lui dit : 'Effata !', c'est-à-dire 'Ouvre-toi.' Ses oreilles s'ouvrent ; aussitôt sa langue se délie, et il parlait correctement... Marc 7,31-37.

A quoi cela sert-il de parler si on ne peut entendre ?

A quoi cela sert-il d'entendre si on ne peut parler ?

Dans les deux cas, il n'y a pas de relation possible avec autrui. Entendre sa parole et ne pouvoir lui parler. Lui parler et ne pouvoir entendre sa parole.

Chaque fois que Jésus s'éloigne de la foule ou de ses disciples, c'est pour prier. Le sourd-muet est initié à la prière. Prier, c'est écouter la parole de Dieu et parler avec son cœur. Jésus donne sa salive pour ouvrir l'écoute et transmettre la parole.

A la création de l'homme, l'auteur du livre de la Genèse écrit que Dieu donne son souffle pour animer, pour transmettre la vie.

Jésus fait un geste de création pour donner, transmettre la parole au sourd-muet.

Très souvent, nous perdons l'audition de la Parole et très souvent aussi, notre langue est paralysée et refuse d'annoncer la Parole.

Prenons un instant pour prier à l'écart et laissons Jésus toucher nos oreilles et notre langue pour nous guérir. Alors nous pourrons annoncer la bonté de Dieu.

Samedi

En ce temps-là, il y eut de nouveau une grande foule autour de Jésus. Comme ces gens n'avaient pas de quoi manger, il appela ses disciples et leur dit : 'J'ai pitié de cette foule, car voilà déjà trois jours qu'ils restent avec moi, et ils n'ont pas de quoi manger. Si je les renvoie chez eux à jeun, ils vont s'effondrer en route ; et quelques-uns d'entre eux sont venus de loin !'

Ses disciples lui répondirent : 'Comment pourrait-on les rassasier de pain, ici, dans le désert ?'
Jésus leur demandait : 'Combien avez-vous de pains ?' Ils répondirent : 'Sept'. Il ordonna à la foule de s'étendre sur le sol ; prenant les sept pains et rendant grâce, il les rompit, et il les donnait à ses disciples pour qu'ils les distribuent ; et ils les distribuèrent à la foule. Ils avaient aussi quelques petits poissons. Jésus les bénit et dit de les distribuer aussi.
Les gens mangèrent et furent rassasiés, et on emporta sept corbeilles des morceaux en surplus. Or, il y avait là environ quatre mille hommes... Marc 8,1-10.

Ils avaient faim. Faim de certitudes. Faim de vérité. Faim de Dieu. Au point d'oublier d'apaiser la faim du corps. Ou de reporter à plus tard. Il y avait plus important. Une quête plus importante. Le corps pouvait attendre.

Après avoir rassasié leur faim de Dieu, Jésus s'est soucié des corps. Parce que le corps fait partie de l'être. Corps sculptés dans l'argile de la création. Visage reflet de l'âme. Main pour donner. Pieds pour rencontrer. Cœur pour aimer.

Des corps à nourrir. Sept pains pour quatre mille personnes. Mais l'humanité entière aurait pu être nourrie puisqu'il restait sept paniers pleins.

La parole et le pain, et c'est une célébration. Là où l'on se trouve. Dans le quotidien de nos vies. Le partage de la parole vécu dans le partage du pain. L'Evangile partagé en communauté. Pour apaiser la faim. Toutes les faims.

Sur le lieu de travail. Dans la rue. Sur les places. Dans les maisons. Dans les écoles. Dans les hôpitaux. Dans les magasins. Dans les maisons de retraite...

Nourrir les foules. Témoigner l'Evangile.
Se donner en nourriture. Pour que l'autre vive.

<u>6ème semaine</u>

Lundi

Les pharisiens se mirent à discuter avec Jésus. Ils lui demandaient un signe venant du ciel, pour le mettre à l'épreuve.
Il gémit profondément et dit : 'Pourquoi cette génération demande-t-elle des signes ? Vraiment, je vous le dis : il ne sera donné aucun signe à cette génération.'
Il les quitta et se rembarqua pour l'autre côté du lac. Marc 8,11-13.

Comme ce serait facile de recevoir un signe merveilleux.

Une démonstration. Preuves à l'appui. Une évidence. Aussi simple que deux et deux font quatre.

On ne serait pas obligé de croire.

Pas d'engagement. Pas de confiance donnée. Pas de doute non plus. Un fait qui parle de lui-même. Un signe prouvant que Jésus est bien le Messie. Cela satisferait tout le monde.

Mais que serait l'homme ? Il lui suffirait d'acquiescer. Pas de questionnement. Pas de cheminement dans la foi. Pas de référence au vécu. Pas de rapport avec le quotidien.

Dieu préfère créer une relation avec les hommes. Il préfère le dialogue dans la prière. L'enseignement de sa Parole. L'éclairage des événements. La diversité des démarches. La richesse des sensibilités. La multiplicité des cultures.

Dieu accepte le doute. Il comprend les errements. Il se réjouit du chemin trouvé.

Dieu a du respect pour l'homme.

Mardi

Les disciples, en s'embarquant, avaient oublié de prendre des pains. Ils n'avaient qu'un seul pain avec eux dans la barque.
Jésus leur donnait cette consigne : 'Attention ! Méfiez-vous du levain des pharisiens et du levain d'Hérode !'

Mais les disciples discutaient entre eux parce qu'ils n'avaient pas pris de pains.
Jésus s'en aperçut et leur dit : 'Pourquoi discutez-vous parce que vous n'avez pas pris de pains ? Vous n'avez pas encore compris ? Vous n'avez pas saisi ? Avez-vous donc l'esprit obtus ? Vous avez des yeux pour ne pas voir, vous avez des oreilles pour ne pas entendre ? Ne vous rappelez-vous pas ? Lorsque j'ai rompu les cinq pains pour cinq mille hommes, combien avez-vous remporté de paniers pleins de morceaux ?' Ils lui répondent : 'Douze. – Et lorsque j'ai rompu les sept pains pour quatre mille hommes, combien avez-vous remporté de corbeilles pleines de morceaux ?' Ils lui répondent : 'Sept.' Et il leur dit : 'Vous ne comprenez pas encore ?' Marc 8,14-21.

L'oubli de passer chez le boulanger et c'est l'angoisse.
Avec un peu de levain mélangé à la farine, on aurait pu être nourri.
Oui, mais pas n'importe quel levain.
Pas le levain de l'orgueil, du mépris, de la suffisance.
Mais un levain d'humilité, de douceur, de justice, de paix. Le levain des Béatitudes. Le levain du don de soi-même. Le levain de la générosité qui nourrit les foules en abondance. Celui qui rassasie les pauvres. Celui qui apaise toutes les faims.

<u>Mercredi</u>

Jésus et ses disciples venaient d'arriver à Bethsaïde. On lui amène un aveugle et on lui demande de le toucher.
Prenant la main de l'aveugle, il le conduisit hors du village. Il lui mit de la salive sur les yeux, il lui imposa les mains, et il lui demandait : 'Est-ce que tu vois quelque chose ?' L'homme, qui commençait à voir, lui dit : 'J'aperçois les hommes, que je vois comme des arbres qui marchent.' Ensuite Jésus lui imposa les mains sur les yeux une deuxième fois et l'homme se mit à voir ; il fut rétabli, et il voyait tout distinctement.

Jésus l'envoya dans sa maison, en disant : 'N'entre même pas dans le village.' Marc 8,22-26.

Un miracle en deux temps. Jésus aurait-il perdu la main ?

Un miracle n'est pas le résultat d'un coup de baguette magique.

Un miracle est un processus de foi. Une confiance. Une prière. Une certitude. Une rencontre. Dieu et l'homme. L'homme et Dieu.

Dieu respecte le cheminement de l'homme. Sa difficulté à croire. La lenteur de ses pas. L'hésitation de sa démarche. La peur de son engagement.

Il faut du temps pour faire connaissance. Pour s'apprivoiser. Pour se connaître. Pour s'apprécier. Pour nouer une amitié. Pour se confier. Pour s'aimer.

Il faut toute une vie et c'est déjà l'éternité.

Alors nos yeux s'ouvriront dans le face à face.

Jeudi

Jésus s'en alla avec ses disciples vers les villages situés dans la région de Césarée de Philippe.

Chemin faisant, il leur posa cette question : 'Pour les gens, qui suis-je ?'

Ils répondirent : 'Jean Baptiste ; pour d'autres, Elie ; pour d'autres, un des prophètes.' – Et vous, que dites-vous ? Pour vous, qui suis-je ?' Pierre prend la parole et répond : 'Tu es le Messie.' Il leur défend alors sévèrement de parler de lui à personne.

Et pour la première fois il leur enseigne que le Fils de l'homme doit beaucoup souffrir, qu'il doit être rejeté par les anciens, les chefs des prêtres et les scribes, qu'il doit être tué et trois jours plus tard, ressusciter. Jésus disait cela ouvertement.

Pierre, le prenant à part, se met à lui faire des reproches. Mais Jésus se retourne et, voyant ses disciples, il réplique sévèrement à Pierre : 'Passe derrière moi, Satan ; tes pensées ne sont pas celles de Dieu, mais celles des hommes.' Marc 8,27-33.

Jésus n'est pas un « copier-coller ».

Il n'est pas l'imitateur d'un prophète quelconque.
Il n'est le disciple de personne.
　　La foi est personnelle. Inédite. Unique.
Elle se construit sur le vécu quotidien.
Sur les signes reçus. Sur la Parole entendue. Sur le sens donné aux événements. Sur la recherche entreprise. Sur les témoignages de vérité.
　　La foi sous-tend la vie entière. Elle se déclare. Elle témoigne. Elle est attentive à toutes les manifestations de Dieu.
　　La foi est intérieure. Là où Dieu est présent. Lieu de prière. Lieu d'ajustement. Lieu de conversion. Lieu de paix.
　　Il n'y a pas de « petite » foi. Il n'y a pas de « grande » foi. Il y a la foi. La foi aux prises avec la souffrance, avec le doute, avec les persécutions, avec l'hostilité.
　　Et il y a le temps où la foi arrive à un aboutissement,
où la foi devient inutile, où la foi devient certitude,
où la foi s'efface devant le face à face avec Dieu.

<u>Vendredi</u>

Jésus appela la foule avec ses disciples, et leur dit : 'Celui qui veut marcher à ma suite, qu'il renonce à lui-même, qu'il prenne sa croix, et qu'il me suive. Car celui qui veut sauver sa vie, la perdra ; mais celui qui perdra sa vie pour moi et pour l'Evangile, la sauvera. A quoi bon gagner le monde entier, si l'on se perd soi-même ? En effet, que peut donner un homme en échange de lui-même ?...' Marc 8,34-38.9,1.

　　On pourrait croire qu'être disciple de Jésus, c'est bénéficier d'une protection, d'un avantage, d'un privilège.
　　Difficultés aplanies. Catastrophes évitées. Sécurité absolue. Bonheur assuré.
　　Penser cela, ...
c'est oublier que le maître qui ouvre la marche porte une croix (Jean 19,17);

c'est oublier son procès, les insultes, le mépris, les crachats (Matthieu 26,67 ; 27,30) ;
c'est oublier la falaise de laquelle on voulait le jeter (Luc 4,29) ;
c'est oublier les défections après le discours sur le pain de vie (Jean 6,66) ;
c'est oublier les refus de le recevoir (Luc 9,53) ;
c'est oublier la trahison de Judas et le reniement de Pierre (Marc 14,10 ; Jean 18,25) ;
c'est oublier sa souffrance à Gethsémani (Luc 22,44) …

Si le maître a été traité de la sorte, le disciple court le risque de recevoir pareil traitement. Et comme le maître, acquiescer dans l'amour.

<u>Samedi</u>

Jésus prend avec lui Pierre, Jacques et Jean, et les emmène, eux seuls, à l'écart sur une haute montagne.
Et il fut transfiguré devant eux. Ses vêtements devinrent resplendissants, d'une blancheur telle que personne sur terre ne peut obtenir une blancheur pareille.
Elie leur apparaît avec Moïse, et ils s'entretenaient avec Jésus.
Pierre alors prend la parole et dit à Jésus : 'Maître, il est heureux que nous soyons ici ; dressons donc trois tentes : une pour toi, une pour Moïse et une pour Elie.' De fait, il ne savait que dire, tant était grande leur frayeur.
Survient une nuée qui les couvre de son ombre, et de la nuée une voix se fait entendre : 'Celui-ci est mon Fils bien-aimé. Ecoutez-le.'
Soudain, regardant tout autour, ils ne voient plus que Jésus seul avec eux… Marc 9,2-13.

Il y a des bonheurs qu'on voudrait prolonger.
Il y a des joies qu'on voudrait toujours posséder.
Jésus, Moïse, Elie.
Jésus, la Loi, les prophètes.

Nouvelle Alliance, ancienne Alliance.
Le même Dieu amoureux des hommes. Préoccupé du destin des hommes. Projet d'humanisation jusqu'à sa pleine réalisation. L'humain qui rejoint le divin. Le créateur toujours à l'œuvre.
Et Pierre qui voudrait arrêter le temps. S'installer. Jouir du bonheur présent.
Mais l'histoire est en marche. La société évolue. L'Evangile est toujours d'actualité. C'est le religieux qui est à la traîne. Dieu est moderne. Dieu est actuel. Dieu est présent dans le quotidien des hommes. Dieu est adapté à ses innovations.
  Jamais en retard au rendez-vous de l'actualité,
  Dieu éternel.

7ème semaine

Lundi

Jésus et ses compagnons rejoignirent les disciples ; ils virent une grande foule qui les entourait, et des scribes qui discutaient avec eux. Aussitôt, toute la foule, en voyant Jésus, fut stupéfaite, et accourut pour le saluer.

Il leur demanda : 'De quoi discutiez-vous avec eux ?' Un homme de la foule lui répondit : 'Maître, je t'ai amené mon fils, qui est possédé d'un démon muet. Quand il s'empare de lui, il le jette par terre ; alors il écume, grince des dents, devient tout raide. J'ai bien demandé à tes disciples de le chasser, mais ils n'ont pu y parvenir.'

Alors Jésus prit la parole et leur dit : 'Génération incrédule, combien de temps devrai-je rester avec vous ? Combien de temps devrai-je vous supporter ? Amenez-le-moi.'

Ils le lui amenèrent. Lorsque l'enfant vit Jésus, aussitôt l'esprit l'agita convulsivement : il tomba sur le sol et il s'y roulait en écumant.

Jésus interrogea son père : 'Depuis combien de temps cela lui arrive-t-il ? – Depuis son enfance. Souvent il l'a jeté soit dans le feu, soit dans l'eau pour le faire mourir. Mais, si tu peux quelque chose, viens à notre secours, par pitié pour nous !' Jésus lui dit : 'Si tu peux !... Tout est possible à celui qui croit.' Aussitôt, le père de l'enfant cria : 'Je crois ! Viens au secours de mon incrédulité !'

Jésus, voyant que la foule accourait autour d'eux, menaça l'esprit mauvais : 'Esprit muet et sourd, je te l'ordonne, sors de cet enfant, et n'y rentre plus !' Après beaucoup de cris et de convulsions, l'esprit sortit, le laissant comme un cadavre, si bien que la plupart des gens disaient : 'Il vient de mourir.' Mais Jésus le prit par la main, le releva, et il se tint debout.

Quand Jésus fut entré à la maison, ses disciples l'interrogeaient en particulier : 'Pourquoi n'avons-nous pas été capables de le chasser ?' Jésus répondit : 'C'est une espèce qui ne peut être expulsée que par la prière.' Marc 9,14-29.

Un adolescent. Un démon muet. Le second domine le premier. Il le dirige. Il s'en empare. Il l'emprisonne. Une puissante colère. Une mortelle violence.

Face au démon : la foi, la prière, la parole.

Le démon expulsé. L'enfant est comme mort. Jésus le relève. Un relèvement. Une résurrection. L'adolescent est debout. Libéré. Libre.

Lorsque nous devenons muets. Quand la prière est délaissée, oubliée, abandonnée. Alors, nous sommes vulnérables. Nous sommes fragilisés. Nous sommes en danger. En danger de mort.

                Il est temps de se ressaisir.
                Il est temps de se reprendre.

<u>Mardi</u>

Jésus traversait la Galilée avec ses disciples, et il ne voulait pas qu'on le sache. Car il les instruisait en disant : 'Le Fils de l'homme est livré aux mains des hommes ; ils le tueront et, trois jours après sa mort, il ressuscitera.' Mais les disciples ne comprenaient pas ces paroles et ils avaient peur de l'interroger.

Ils arrivent à Capharnaüm, et, une fois à la maison, Jésus leur demande : 'De quoi discutiez-vous en chemin ?' Ils se taisent, car, sur la route, ils avaient discuté entre eux pour savoir qui était le plus grand.

S'étant assis, Jésus appelle les Douze et leur dit : 'Si quelqu'un veut être le premier, qu'il soit le dernier de tous et le serviteur de tous.'

Prenant alors un enfant, il le place au milieu d'eux, l'embrasse, et leur dit : 'Celui qui accueille en mon nom un enfant comme celui-ci, c'est moi qu'il accueille. Et celui qui m'accueille, ne m'accueille pas moi, mais Celui qui m'a envoyé.' Marc 9,30-37.

Lui, il disait qu'il allait mourir.
Eux, ils discutaient de qui était le plus grand.
Lui, il parlait de ses souffrances et de sa mort.
Eux, ils pensaient au prestige et aux honneurs.
Lui, il annonçait sa résurrection.
Eux, ils ne comprenaient pas et avaient peur de l'interroger.
Alors Jésus a mis un enfant au milieu d'eux.
Pour...
que leurs regards se portent sur l'enfant ;
qu'ils se mettent à la hauteur d'un enfant ;
que leurs pensées se « dimensionnent » à celles d'un enfant ;
que leur vie se simplifie à la manière de celle d'un enfant.

Et puis, Jésus leur a dit que pour y parvenir, il faut servir les autres. Il faut devenir serviteur. Parce que Jésus, en embrassant l'enfant, s'est identifié à lui.

Mercredi

Jean et l'un des Douze, disait à Jésus : 'Maître, nous avons vu quelqu'un chasser des esprits mauvais en ton nom ; mais cet homme n'est pas de ceux qui nous suivent, et nous avons voulu l'en empêcher.'

Jésus répondit : 'Ne l'empêchez pas, car celui qui fait un miracle en mon nom ne peut pas, aussitôt après, mal parler de moi ; celui qui n'est pas contre nous est pour nous.' Marc 9,38-40.

Ceux-là, ils font comme nous.
Alors qu'ils ne sont pas autorisés. Pas nommés. Pas élus. Pas ordonnés.

Il faut les empêcher de nous faire de l'ombre. De nous enlever notre prestige. Notre monopole. Notre fonction. Notre gagne-pain.

Dieu n'a pas donné de monopole. Il n'a pas déposé des statuts. Il n'a pas ordonné, élu, désigné, nommé.

C'est après la résurrection qu'ils se sont organisés, hiérarchisés, disciplinés, monopolisés. Et qu'ils se sont imposés avec autorité. Avec brutalité, parfois.

Jésus avait dit : « Laissez !... » Ils sont bienvenus ceux qui annoncent l'Evangile.

Et ils sont bien présents. Actifs. Humbles. Confiants. Fidèles. Persévérants.

Qu'importe qu'ils ne soient pas reconnus des hommes, puisque Dieu les aime. Cela seul leur suffit.

Jeudi

Jésus disait à ses disciples : 'Celui qui vous donnera un verre d'eau parce que vous appartenez au Christ, vraiment, je vous le dis, il ne restera pas sans récompense.

Celui qui entraînera la chute d'un de ces petits qui croient en moi, mieux vaudrait pour lui qu'on lui attache au cou une de ces meules que tournent les ânes et qu'on le jette à la mer.

Et si ta main t'entraîne au péché, coupe-la. Il vaut mieux entrer manchot dans la vie éternelle que d'être jeté avec tes deux mains dans la géhenne, là où le feu ne s'éteint pas.

Si ton pied t'entraîne au péché, coupe-le. Il vaut mieux entrer estropié dans la vie éternelle que d'être jeté avec tes deux pieds dans la géhenne.
Si ton œil t'entraîne au péché, arrache-le. **Il vaut mieux entrer borgne dans le Royaume de Dieu que d'être jeté avec tes deux yeux dans la géhenne, là où le ver ne meurt pas et où le feu ne s'éteint pas. Car tout homme doit être salé par le feu.**
C'est une bonne chose que le sel ; mais si le sel ne sale plus, avec quoi allez-vous l'assaisonner ? Ayez en vous-mêmes du sel, et soyez en paix les uns avec les autres.' Marc 9,41-50.

Le mal a des effets directs mais aussi des conséquences collatérales incontrôlées.

Le mal infligé blesse non seulement la victime, mais aussi d'autres personnes d'autant plus que la victime est faible ou que l'acte est injuste, dominateur, abusif, vicieux. Le mal devient scandale. Il engendre le scandale.

Le mal blesse bien au-delà de l'apparence. Il détruit la confiance, crée la suspicion, ébranle les certitudes.

Le mal étend ses pouvoirs. Il entraîne. Il encourage. Il se reproduit.

Le mal devenu scandale est un piège. Il provoque la chute. Il fait tomber.

Mais, nous-mêmes, ne sommes-nous pas auteurs du mal, sujets à scandales ? Associés ? Complices ? Par notre silence. Par notre mensonge. Par notre dissimulation. Par notre couardise. Par notre lâcheté. Par notre approbation. Un regard sur nous-même est peut-être nécessaire ?

L'homme a été créé pour le bien. Il est destiné au bien éternel.
Il est appelé au bonheur.
Bienheureux.

<u>Vendredi</u>

Jésus se dirigeait vers la Judée et la Transjordanie. De nouveau les foules font route avec lui et de nouveau, à son habitude, il les instruisait.

Des pharisiens l'abordent et, pour le mettre à l'épreuve, lui demandent : 'Est-il permis à un mari de renvoyer sa femme ?'

Jésus dit : 'Que vous a prescrit Moïse ?' Ils lui répondent : 'Moïse a permis de renvoyer sa femme à condition d'établir un acte de répudiation.' Jésus réplique : 'C'est en raison de la dureté de votre cœur qu'il a formulé cette loi. Mais, au commencement du monde, quand Dieu créa l'humanité, il les fit homme et femme. C'est pourquoi l'homme quittera son père et sa mère, il s'attachera à sa femme, et tous deux ne feront plus qu'un. Ainsi, ils ne sont plus deux, mais ils ne font qu'un. Donc, ce que Dieu a uni, que l'homme ne le sépare pas !'

De retour à la maison, les disciples l'interrogent de nouveau sur cette question. Il leur répond : 'Celui qui renvoie sa femme pour en prendre une autre, est coupable d'adultère envers elle. Si une femme renvoie son mari et en prend un autre, elle est coupable d'adultère.' Marc 10,1-12.

Le mariage indissoluble. Le divorce.

Genèse 2,24. La loi de Moïse : Deutéronome 24,1.

La Loi règle les droits de la femme en cas de séparation en prescrivant la remise d'un acte de répudiation. Dans le cas contraire, la femme renvoyée pourrait commettre un adultère passible de mort. (Deutéronome 22,22).

Ce qui est permis n'est pas nécessairement recommandé.

Jésus sort de la polémique du permis et du défendu. Il rappelle le sens premier, la volonté première : l'amour d'un homme et d'une femme.

Amour dans la durée. Amour sans cesse renouvelé. Déclaration quotidienne dans les mots, dans les gestes, dans les pensées. Amour dans la joie partagée ou dans la souffrance traversée. Amour fort, surmontant les obstacles, les doutes et les peurs.

Jésus porte un regard positif sur le mariage, sur l'homme, sur la femme. Il voit une perspective de bonheur à deux. Une fidélité qui apporte joie et bonheur. Une réalisation de l'être dans le don de soi. Dans l'engagement. Dans la responsabilité. Dans le partage. C'est cela le plan de Dieu.

Et la Loi ? Elle règle les difficultés, les échecs de l'amour. Parce qu'il faut vivre les échecs. Parce qu'il faut aller au-delà de l'échec.

Avant toute chose, il faut croire en l'amour.

<u>Samedi</u>

On présentait à Jésus des enfants pour les lui faire toucher ; mais les disciples les rabrouaient.

Voyant cela, Jésus se fâche et leur dit : 'Laissez les enfants venir à moi. Ne les empêchez pas, car le Royaume de Dieu est à ceux qui leur ressemblent. Vraiment, je vous le dis : Celui qui n'accueille pas le Royaume de Dieu comme fait un enfant, n'y entrera pas.'

Il les embrassait, et les bénissait en leur imposant les mains. Marc 10,13-16.

Ils se comportaient comme des gardes du corps placés à la porte des lieux de réception. Ceux qui vérifient les cartons d'invitation. Ceux qui ont autorité. Ceux qui intimident. Ceux qui autorisent, refusent, rejettent, rabrouent.

« Enfants non admis », « Pour adultes seulement », réservé aux bons croyants, aux bons chrétiens, aux bons pratiquants.

Alors Jésus s'indigne. Jésus se fâche. « Laissez… N'empêchez pas…. ».

Le Règne de Dieu. Les disciples croyaient être à la meilleure place. Celle qui consiste à ouvrir les portes d'accès. Sélectionner les candidats. Filtrer les prétendants. Ils pensaient ainsi s'assurer une place de choix.

Mais Jésus inverse leur jugement. Il démolit leurs prétentions. C'est à partir de l'enfant qu'il faut considérer le Règne de Dieu. C'est à partir de la personne rabrouée, rejetée.

Et Jésus prend les enfants dans les bras : ils sont fils du Royaume de Dieu. Il les bénit : la bénédiction les introduit dans l'amour de Dieu.

Le Royaume de Dieu ne se gagne pas, il se reçoit,
comme on reçoit un enfant.

8ème semaine

Lundi

Jésus se mettait en route quand un homme accourut vers lui, se laissa tomber à ses genoux et lui demanda : 'Bon Maître, que dois-je faire pour avoir en héritage la vie éternelle ?'

Jésus lui dit : 'Pourquoi m'appelles-tu bon ? Personne n'est bon, sinon Dieu seul. Tu connais les commandements : Ne commets pas de meurtre, ne prends pas la femme d'un autre, ne vole pas, ne porte pas de faux témoignages, ne fais de tort à personne, respecte ton père et ta mère.'

L'homme répond : 'Maître, j'ai observé tous ces commandements depuis ma jeunesse.'

Posant alors son regard sur lui, Jésus le prit en affection. Il lui dit : 'Une seule chose te manque : va, vends tout ce que tu as, donne-le aux pauvres et tu auras un trésor au ciel ; puis viens et suis-moi.'

Mais lui, à ces mots, devint sombre et s'en alla tout triste, car il avait de grands biens.

Alors Jésus regarde tout autour de lui et dit : 'Comme il sera difficile à ceux qui possèdent des richesses d'entrer dans le Royaume de Dieu !'

Les disciples étaient stupéfaits de ces paroles. Mais Jésus continue : 'Mes enfants, comme il est difficile d'entrer dans le Royaume de Dieu ! Il est plus facile à un chameau de passer par le trou d'une aiguille qu'à un riche d'entrer dans le Royaume de Dieu.'

De plus en plus déconcertés, les disciples se demandent entre eux : 'Mais alors, qui peut être sauvé ?'
Jésus les regarde et répond : 'Pour les hommes, cela est impossible, mais pas pour Dieu ; car tout est possible à Dieu.'
Marc 10,17-27.

Nous sommes à un carrefour et nous avons le choix entre deux voies.

L'une nous dit de poursuivre notre vie, de ne rien changer. Une foi pour les grandes fêtes. Profiter de la vie. Entretenir des relations fructueuses. Amasser des biens. Jouir des plaisirs de la vie. Pas tué, non. Volé un peu, selon les opportunités. Triché un peu, selon les occasions. Joué des coudes un peu, selon les circonstances. Et enfin, des funérailles à l'église pour racheter le tout et s'assurer le « ciel ».

L'autre voie. *'Va. Vends. Viens.'*

'Va.' Il s'agit de se quitter. De se désinstaller. De se mettre debout. De se remettre en question. D'entrer en action. D'oser le changement.

'Vends.' Non pour gagner, mais pour donner. Se dessaisir. S'appauvrir. Se désencombrer. Se débarrasser. Se déposséder. Des préoccupations du propriétaire. De la peur de perdre. De la confiance dans le périssable. De l'avidité à gagner plus, à avoir plus, à posséder plus.

Donner aux pauvres. A ceux qui n'ont plus de salaire. Plus de maison. Plus d'emploi. Plus de santé… et plus d'amis.

'Viens.' Alors seulement, l'esprit est libéré. Le cœur est libéré. L'amour est libéré. C'est le temps d'aimer en vérité, pas pour soi, pour l'autre. C'est le temps de la confiance, pas en soi, en l'autre. C'est le temps de la foi, non en soi, en l'Autre.

On a remonté le cours d'eau à sa source.
On a retrouvé l'origine de son être.
C'est le retour à la vie. La vie éternelle.

Posant alors son regard sur lui, Jésus le prit en affection.

<u>Mardi</u>

Jésus déclara : 'Vraiment, je vous le dis : personne n'aura quitté, à cause de moi et de l'Evangile, une maison, des frères, des sœurs, une mère, un père, des enfants ou une terre, sans qu'il reçoive, en ce temps déjà, le centuple : maisons, frères, sœurs, mères, enfants et terres, avec des persécutions et, dans le monde à venir, la vie éternelle.

Beaucoup de premiers seront derniers, et les derniers seront les premiers.' Marc 10,28-31.

Deux listes. Ce que l'on quitte et ce que l'on reçoit. Le dépouillement et la compensation.

La première liste : les termes sont reliés par OU. La seconde : tous les termes sont au pluriel et reliés par ET.

Quitter ne signifie pas ne plus aimer. Quitter, c'est aimer non l'exclusif, mais aimer plus grand, aimer plus large, aimer d'un amour plus exigeant. Quitter, c'est se soustraire à l'étroitesse, au passionnel. C'est aimer en abondance, à profusion.

Le témoignage du disciple a besoin d'amour pour être vrai. On ne peut être un témoin que si on aime Dieu et si on aime les hommes et les femmes de notre société. Et cet amour désire donner la vie. Cet amour désire susciter le bien le plus précieux : l'amour de Dieu, la vie de Dieu.

L'annonce de l'Evangile ne peut se concevoir sans l'amour de Dieu et l'amour de l'homme. On ne peut témoigner l'Evangile sans aimer comme Dieu aime. Semer l'amour comme on sème le grain. Avec largesse. Avec des fruits abondants. Du cent pour un.

Mercredi

Les disciples étaient en route, montant à Jérusalem, et Jésus marchait devant eux ; ils étaient dans l'étonnement, et ceux qui suivaient avaient peur.

Jésus prit de nouveau les Douze auprès de lui et se mit à leur dire ce qui allait lui arriver : 'Voici que nous montons à

Jérusalem : le Fils de l'homme sera livré aux chefs des prêtres et aux scribes ; ils le condamneront à mort et le livreront aux païens ; ils se moqueront de lui et cracheront sur lui, ils le flagelleront et le feront mourir, et après trois jours il ressuscitera.'

Jacques et Jean, les fils de Zébédée, s'approchent de Jésus et lui disent : 'Maître, nous voudrions que tu exauces notre demande.' Il leur demande : 'Que voudriez-vous que je fasse pour vous ?' Ils lui répondent : 'Accorde-nous de siéger, l'un à ta droite et l'autre à ta gauche, dans ta gloire.'

Jésus leur dit : 'Vous ne savez pas ce que vous demandez. Pouvez-vous boire à la coupe que je vais boire, recevoir le baptême dans lequel je vais être plongé ?' Ils lui disent : 'Nous le pouvons.' Il répond : 'La coupe que je vais boire, vous y boirez ; et le baptême dans lequel je vais être plongé, vous le recevrez. Quant à siéger à ma droite ou à ma gauche, il ne m'appartient pas de l'accorder, il y a ceux pour qui ces places sont préparées.'

Les dix ont entendu, et s'indignent contre Jacques et Jean. Jésus les appelle et leur dit : 'Vous le savez : ceux que l'on regarde comme chefs des nations païennes commandent en maître ; les grands font sentir leur pouvoir. Parmi vous, il ne doit pas en être ainsi. Celui qui veut devenir grand sera votre serviteur. Celui qui veut être le premier sera l'esclave de tous : car le Fils de l'homme n'est pas venu pour être servi, mais pour servir, et donner sa vie en rançon pour la multitude. Marc 10,32-45.

Corruption. Détournement. Malversation. Cumul des fonctions. Jetons de présence... Y-a-t-il encore de gestes gratuits ? Des aides gratuites ? Des engagements gratuits ? Des travaux gratuits ?

La gratuité, pourquoi ? Par solidarité. Par amitié. Par compassion. Par amour.

Rendre service, tout simplement. Avec amour. Avec bonheur. Avec perfection. Avec gratitude. Parce que le don gratuit nous grandit en humanité. Parce qu'il fait naître la fraternité. L'un en face de l'autre. Ensemble. Sans transaction. Sans échange. Sans contrat.

Deux êtres qui reçoivent l'un de l'autre. Deux êtres qui se reçoivent. Et c'est déjà une communauté.

Jeudi

Tandis que Jésus sortait de Jéricho avec ses disciples et une foule nombreuse, un aveugle, le fils de Timée, était assis au bord de la route, et il mendiait.
Apprenant que c'est Jésus de Nazareth, il se met à crier : 'Jésus, fils de David, aie pitié de moi !'
Beaucoup de gens lui commandaient de se taire, mais il criait de plus belle : 'Fils de David, aie pitié de moi !'
Jésus s'arrête et dit : 'Appelez-le.'
On appelle donc l'aveugle, et on lui dit : 'Confiance, lève-toi ; il t'appelle.'
L'aveugle jette son manteau, bondit et court vers Jésus.
Jésus lui dit : 'Que veux-tu que je fasse pour toi ? – Rabbouni, que je voie.'
Et Jésus lui dit : 'Va, ta foi t'a sauvé.'
Aussitôt l'homme recouvra la vue, et il suivait Jésus sur la route. Marc 10,46-52.

Il s'est fait larguer. Il s'est fait jeter. Il est licencié. Il est exclu. Il est expulsé. Il est condamné…

Plus d'emploi. Plus de toit. Plus de famille. Plus d'amis. Plus de santé. Plus de pays.

Le silence. La solitude. Un cri.
'Jésus, fils de David, aie pitié de moi !'

Lorsque les paroles sont cadenassées. Lorsque les guichets sont fermés. Lorsque les cœurs sont barricadés. Seul Dieu peut encore être appelé. **'Des profondeurs je crie vers toi, Seigneur, Seigneur, écoute mon appel !…'** Psaume 129.

Alors que les hommes font la sourde oreille. Alors que la tranquillité des « honnêtes gens » est réclamée. Alors que la paix des consciences est bien gardée. *Jésus s'arrête et dit : 'Appelez-le'… 'Que veux-tu que je fasse pour toi ?'*

Dis-moi quel est ton désir. Dis-moi quelle est ta souffrance. Dis-moi ce qui te rend triste. Dis-moi…

'Va, ta foi t'a sauvé.'

La guérison, elle est dans la foi en l'action performante de Dieu. La guérison, elle est dans la foi en la présence vivante et agissante de Dieu. La guérison, elle est dans la foi au travail de Dieu en nous.

Laissons- nous guérir.

Laissons-nous aimer.

<u>Vendredi</u>

Jésus venait de faire son entrée à Jérusalem. Il entra dans le Temple. Après avoir tout examiné, comme le soir tombait déjà, il se rendit à Béthanie avec les Douze.

Le lendemain, tandis qu'ils sortaient de Béthanie, il eut faim. Voyant de loin un figuier qui avait des feuilles, il alla voir s'il y trouverait quelque chose : mais, quand il se fut approché, il n'y trouva que des feuilles, car ce n'était pas le temps des figues. Il dit au figuier : 'Que jamais plus personne ne mange de tes fruits !' Et ses disciples entendaient.

Ils arrivent à Jérusalem. Jésus entra dans le Temple, et se mit à chasser ceux qui vendaient et ceux qui achetaient dans le Temple ; il renversa les comptoirs des changeurs et les sièges des marchands de colombes ; et il ne permettait pas qu'on traverse le Temple en transportant des objets. Il leur donnait cet enseignement : 'N'est-il pas écrit : ma maison sera reconnue comme une maison de prière par toutes les nations ? Et vous en avez fait une caverne de voleurs !'…

En repassant le lendemain matin, ils virent le figuier desséché jusqu'aux racines. Pierre, qui le reconnaissait, dit à Jésus : 'Rabbi, regarde : le figuier que tu as maudit est desséché.'

Jésus prit la parole et leur dit : 'Ayez foi en Dieu. Vraiment, je vous le dis : celui qui dirait à cette montagne : 'Soulève-toi et jette-toi dans la mer', sans hésiter au fond de lui-même, mais en croyant que sa parole se réalisera, il l'obtiendra. C'est pourquoi, je vous le déclare : tout ce que vous demanderez dans la prière, croyez que vous l'avez reçu, et vous l'obtiendrez.

Et lorsque vous êtes debout pour prier, pardonnez, si vous avez quelque chose contre quelqu'un, afin que votre Père qui est dans les cieux vous pardonne aussi vos manquements.' Marc 11,11-25.

Il n'y a plus de rites. Il n'y a plus de sacrifices.

La prière véritable est précédée du pardon. La prière sans pardon est comme un figuier qui ne porte pas de fruit. Plus encore, un figuier desséché jusqu'aux racines.

On ne rachète pas la faute envers un frère par un sacrifice. Le frère a besoin de mon pardon comme moi j'ai besoin du pardon du frère. Le pardon est le début de la réparation. C'est un chemin amorcé vers le retour à la communauté.

Celui qui donne ou reçoit le pardon quitte la rancune, la vengeance, la domination ou le mépris. Il redevient « aimable ». Il retrouve une capacité d'aimer et d'être aimé. Il est libéré de toute violence. Il gagne la paix. Il répare ce qui a été détruit. Il reconstruit la fraternité.

Le pardon réhabilite. Il rachète. Il absout. Il rend l'estime. Il rétablit.

<u>Samedi</u>

Jésus avec ses disciples était revenu à Jérusalem. Comme il allait et venait dans le Temple, les chefs des prêtres, les scribes et les anciens l'abordent et lui disent : 'Par quelle autorité fais-tu cela ? Qui t'a donné autorité pour agir ainsi ?'

Jésus leur dit : 'Je vous poserai une seule question ; répondez-moi, et je vous dirai par quelle autorité je fais cela : Le baptême de Jean, venait-il du ciel ou des hommes ? Répondez-moi.'

Ils discutaient entre eux 'Si nous disons : 'Du ciel', il dira : 'Pourquoi n'avez-vous pas cru en lui ?' Mais allons-nous dire : 'Des hommes ?'...' Ils avaient peur de la foule car tout le monde croyait que Jean était vraiment un prophète. Ils répondirent à Jésus : 'Nous ne savons pas.'

Jésus leur dit : 'Moi non plus, je ne vous dis pas par quelle autorité je fais cela.' Marc 11,27-33.

Qui t'a autorisé ? Qui t'a donné mandat ? Au nom de qui parles-tu ?

L'envoyé renvoie à celui qui l'a envoyé. Jésus se réfère à Dieu. Le disciple suit le maître. Dieu atteste la vérité de l'enseignement de Jésus. Il en est le garant. Dieu et Jésus. Dieu et l'homme. Jésus et le disciple. Une seule vérité. Un seul commandement : aimer. La fidélité à ce commandement nous relie à Jésus. Elle nous relie à Dieu.

La prière rend notre témoignage authentique. Elle le place sous la conduite de Dieu. Elle lui donne la direction, le sens, sa vérité. La prière resitue le témoin. Elle le réajuste. Elle le guide.

Ce n'est plus témoigner sa foi, c'est témoigner l'Evangile de Jésus, Parole de Dieu. Ce n'est plus exercer des pratiques religieuses, c'est vivre les Béatitudes. Ce n'est plus se soumettre aux commandements, c'est aimer de l'amour même de Dieu.

9ème semaine

Lundi

Jésus se mit à parler en paraboles aux scribes et aux anciens : 'Un homme planta une vigne, l'entoura d'une clôture, creusa un pressoir et bâtit une tour. Il afferma sa vigne et partit au loin.

Le moment venu, il envoya un serviteur auprès des vignerons pour en recevoir sa part du revenu de la vigne. Mais les vignerons empoignèrent le serviteur, le battirent et le renvoyèrent les mains vides. Le maître leur envoya encore un autre serviteur ; celui-là, ils le frappèrent à la tête et le couvrirent d'injures. Le maître en envoya un autre ; celui-là, ils le tuèrent ; d'autres encore, ils les battirent ou les tuèrent. Il avait encore quelqu'un avec lui, son fils bien-aimé. Il l'envoya vers eux en dernier. Il se disait : 'Ils respecteront mon fils.' Mais ces mauvais vignerons se dirent entre eux : 'C'est l'héritier ! Allons-y, tuons-le, et l'héritage sera pour nous !' Ils l'empoignèrent, le tuèrent et le jetèrent hors de la vigne.

Que va faire le maître de la vigne ? Il viendra, il fera mourir les vignerons, et il donnera la vigne à d'autres.

Vous n'avez donc pas lu ce passage de l'Ecriture : La pierre qu'ont rejetée les bâtisseurs est devenue la tête d'angle. C'est là l'œuvre du Seigneur, c'est une merveille à nos yeux ! [Psaume 118,22-23]'... Marc 12,1-12.

« **D**ieu est mort. Dieu est inexistant. Dieu est illusion. Dieu est une projection de nos désirs. Dieu est absent… Les croyants sont des rêveurs. Ce sont des naïfs. Ce sont des idéalistes… »

De tout temps, les rapports de Dieu avec les hommes ont été problématiques. Nié, ignoré, accusé, renié, condamné… Dieu subit des outrages.

Mais, n'est-ce pas l'utilisation que les hommes ont faite de Dieu qui devrait être sujet d'appréciation ? N'est-ce pas notre témoignage qui doit être évalué ? N'est-ce pas les hommes qui révèlent Dieu ? N'est-ce pas notre responsabilité de présenter Dieu en vérité ?

Peut-on rejeter un Dieu aimant ? Peut-on ignorer un Dieu agissant ? Peut-on craindre un Dieu de tendresse ?

'Ils respecteront mon fils.'

Parole d'amour et de confiance infinis. Respect de la liberté des hommes. Patience de Dieu. Détermination à rester en dialogue avec l'homme.

'Eh bien, c'est moi qui vais la séduire, je la conduirai au désert et je regagnerai sa confiance. [litt. : Je parlerai contre son cœur]' Osée 2,16.

'La femme oublie-t-elle son nourrisson, oublie-t-elle de montrer sa tendresse à l'enfant de sa chair ? Même si celles-là

oubliaient, moi, je ne t'oublierai pas ! Voici que sur mes paumes je t'ai gravée…' Esaïe 49,15-16a.

<u>Mardi</u>

Les adversaires de Jésus lui envoyèrent des pharisiens et des hérodiens pour le prendre au piège par une question.
Les envoyés arrivèrent et lui dirent : 'Maître, nous savons que tu dis la vérité et que tu ne te laisses impressionner par personne, car tu ne tiens pas compte de la situation des hommes, mais tu enseignes le chemin de Dieu selon la vérité. Est-il permis, ou non, de payer l'impôt à l'empereur romain ? Devons-nous le payer, oui ou non ?'
Mais lui, connaissant leur dissimulation, leur dit : 'Pourquoi me mettez-vous à l'épreuve ? Apportez-moi une pièce de monnaie, que je la voie.'
Ils l'apportèrent.
Il leur dit alors : 'De qui est cette image ? Et l'inscription ?'
Ils lui dirent : 'De l'empereur.'
Alors Jésus leur dit : 'Ce qui est à l'empereur, rendez-le à l'empereur ; et ce qui est à Dieu, rendez-le à Dieu.' Marc 12,13-17.

Le port du foulard ou de la burqa. Les lois sur l'euthanasie et sur l'interruption volontaire de grossesse. Le mariage des homosexuels. Cours de religion ou de morale laïque…

Le dialogue entre les autorités civiles et religieuses est souvent tendu, jusqu'à l'incompréhension réciproque. L'une veut marquer son empreinte sur l'autre. L'une veut imposer son autorité à l'autre. La laïcité et la religion sont-elles inconciliables ? L'homme doit-il faire un choix pour l'une ou pour l'autre ? Laïc et religieux, pourquoi l'un doit-il supplanter l'autre ? L'un doit-il dominer l'autre ? L'un doit-il avoir autorité sur l'autre ?

Une même préoccupation ne devrait-elle pas être commune : l'humain dans son développement et sa réalisation ? Les institutions ne devraient-elles pas s'effacer pour promouvoir l'humanisme dans sa totalité ? L'homme dans la réalisation de tous ses besoins : matériels, sociaux, intellectuels, moraux et spirituels ?

Les valeurs évangéliques rencontrent ces désirs humains. La foi en Dieu est un pas en plus. Celui de se savoir habités par Dieu agissant en nous dans un projet de pleine humanisation auquel nous nous ajustons continuellement. Ce projet donne sens à notre vie et trouve son accomplissement dans le face à face avec Dieu. Eternité de bonheur. Bonheur ici et maintenant. Porteur de l'image de Dieu, l'homme aimant finit par ressembler à Dieu. A aimer comme Dieu. A ressembler à Dieu.

Laïc et croyant travaillent sur le même terrain. Avec la même préoccupation : l'humain. Avec le même objectif : le bonheur de l'homme.

Mercredi

Des sadducéens – ceux qui prétendent qu'il n'y a pas de résurrection – vinrent auprès de Jésus, et ils l'interrogeaient : 'Maître, Moïse nous a donné cette loi : 'Si un homme a un frère marié, et que celui-ci meure sans enfant, qu'il épouse la veuve pour donner une descendance à son frère. Or, il y avait sept frères : le premier se maria et mourut sans descendance, de même le troisième ; et aucun des sept ne laissa de descendance. Après eux tous, la femme mourut aussi. A la résurrection, quand ils ressusciteront, de qui cette femme sera-t-elle l'épouse, puisque les sept l'auront eue pour femme ?'

Jésus leur répondit : 'N'êtes-vous pas dans l'erreur, parce que vous ne comprenez pas les Ecritures, ni la puissance de Dieu ? Quand on ressuscite d'entre les morts, en effet, on ne se marie pas, mais on est comme des anges dans le ciel. A propos des morts, et du fait qu'ils ressuscitent, n'avez-vous pas lu dans le livre de Moïse, à l'épisode du Buisson ardent, comment Dieu lui a parlé, lorsqu'il dit : Je suis le Dieu d'Abraham, le Dieu d'Isaac, le Dieu de Jacob ?

Il n'est pas le Dieu des morts, mais des vivants. Vous êtes tout à fait dans l'erreur.' Marc 12,18-27.

Dieu des vivants !

Les funérailles sont célébrées pour les vivants et non pour les morts. Elles devraient donner sens à la mort pour accroître la vie des vivants.

Un événement dramatique nous interpelle dans notre fragilité. Il nous rappelle notre propre mort. Il nous dit que notre mort doit être vécue. Qu'elle doit être assumée. Qu'elle ne doit pas nous surprendre. Qu'elle ne doit pas être un sujet tabou. Qu'elle ne doit pas être ignorée. Qu'elle ne doit pas être dissimulée.

La mort fait partie de la vie. Elle ouvre une porte. Elle permet un passage.

Nous pensons qu'elle est la fin, alors qu'elle est commencement.
Nous pensons qu'elle est ténèbres, alors qu'elle est lumière.
Nous pensons qu'elle est tristesse, alors qu'elle est joie.
Nous pensons qu'elle est peur, alors qu'elle est certitude.
Nous pensons être seuls, alors que nous sommes accueillis.
Nous pensons être abandonnés, alors que nous sommes aimés.

    Communions à la mort de ceux que nous aimons,
        ils nous ouvrent à la vie.

<u>Jeudi</u>

Un scribe s'avance vers Jésus et lui demande : 'Quel est le premier de tous les commandements ?'

Jésus lui fait cette réponse : 'Voici le premier : Ecoute, Israël : le Seigneur notre Dieu est l'unique Seigneur. Tu aimeras le Seigneur ton Dieu de tout ton cœur, de toute ton âme, de tout ton esprit et de toute ta force. Voici le second : Tu aimeras ton prochain comme toi-même. Il n'y a pas de commandement plus grand que ceux-là.' Marc 12,28-34.

Nous avons tendance à nous compliquer la vie !

Il y a seulement deux commandements : aimer Dieu, aimer son prochain. Et il y a un « moi », libre de décider. Capable d'agir. Ce « moi », ce « je » est-il conscient qu'il a autorité pour donner sens à sa vie ? Est-il conscient qu'il a le pouvoir d'être le créateur de son bonheur ?

Une condition : aimer l'autre comme soi-même. Aimer l'autre du même amour dont on s'aime soi-même. Apprécier l'autre comme on s'apprécie soi-même. Estimer l'autre comme on s'estime soi-même. Vouloir le bonheur de l'autre comme nous voulons notre propre bonheur. Tout ce que nous désirons pour les autres, nous le désirons pour nous-mêmes.

Croire en Dieu, c'est d'abord croire en l'homme. Aimer Dieu, c'est d'abord aimer l'homme. Avoir confiance en Dieu, c'est d'abord avoir confiance en l'homme.

Pour aimer, nous devons être conscients de notre capacité d'aimer. Nous savoir aimant et aimable.

Lorsque nous regardons notre vie, nous pensons peut-être que nous ne pouvons plus aimer.

Parce que…
nous sommes trop âgés ;
nous sommes trop souffrants ;
nous sommes trop seuls ;
nous sommes trop tristes ;
nous sommes trop déçus…

Alors, aimer Dieu et aimer l'autre nous paraissent impossible. Allons-nous laisser notre cœur se dessécher ? Allons-nous glisser vers la mort ? Allons-nous nous priver de la joie ? Allons-nous nous interdire le bonheur ?

L'amour est en nous. Le bonheur est en nous. Il suffit de l'activer. De le susciter. De le réanimer. Il suffit d'y croire.

Allons-nous refuser l'amour que Dieu nous donne ? Le bonheur que Dieu nous offre ? Allons-nous y renoncer ?

Apprenons ou réapprenons à nous aimer. A croire en notre capacité d'aimer et d'être aimés.

Si nous devons aimer Dieu, c'est que Dieu, lui aussi nous aime. Si nous devons aimer notre prochain, c'est que nous aussi nous sommes aimables. Aimons donc. Tout simplement !

Vendredi

Jésus enseignait dans le Temple. Il disait : 'Comment les scribes disent-ils que le Messie est fils de David ? David lui-même a dit, sous l'inspiration de l'Esprit Saint : 'Le Seigneur a dit à mon Seigneur : Siège à ma droite jusqu'à ce que j'aie mis tes ennemis sous tes pieds.' David lui-même l'appelle Seigneur : alors comment peut-il être son fils ?' Et tout le peuple écoutait Jésus avec plaisir. Marc 12,35-37.

Jésus fils de David (Psaume 110) et Seigneur de David (2 Samuel 23,2). Deux opinions. Une antinomie. Une contradiction. Deux conceptions en conflit.

Jésus appartient à la descendance de David et il est supérieur à David. Discussion théologique de rabbins.

Et nous ? Que disons-nous de Jésus ?

Né en -4, Jésus de Nazareth est mort crucifié en 30. Sa vie publique aurait duré quelques mois selon Marc et vraisemblablement trois ans selon Jean. Marc, le disciple et l'interprète de Pierre a écrit son évangile vers 65-70. Matthieu et Luc entre 70 et 80 et Jean entre 80 et 90. Les lettres de Paul ont été écrites dès les années 50.

L'existence de Jésus n'est pas remise en cause. Les textes les plus anciens de Flavius Josèphe (93), Pline le Jeune (111), Tacite (116), Suétone (120) décrivent les premières communautés chrétiennes et mentionnent la crucifixion de Jésus.

Dieu s'est révélé en Jésus. Il s'est dévoilé en Jésus. Il se laisse trouver à travers les paroles et les gestes de Jésus.

Jésus est subversif en ce qu'il a inversé l'image que les hommes se faisaient de Dieu. Dieu est amour sans limite et sans exclusion. Un amour universel.

Samedi

Un jour, Jésus s'était assis en face de la salle du trésor et regardait la foule déposer de l'argent dans le tronc. Beaucoup de gens riches y mettaient de grosses sommes. Une pauvre veuve s'avance et dépose deux piécettes.
Jésus s'adresse à ses disciples : 'Vraiment, je vous le dis : cette pauvre veuve a mis dans le tronc plus que tout le monde. Car tous, ils ont donné de leur superflu, mais elle, de son indigence : elle a tout donné, tout ce qu'elle avait pour vivre.' Marc 12,38-44.

Donner pour se débarrasser. Pour faire de la place. Pour acheter du plus neuf. Du plus à la mode. Du plus moderne. Du plus perfectionné. Du plus chic. Du plus cher... Pour vivre mieux. Pour paraître mieux. Pour accumuler mieux...

Mais donner ce qui nous fait vivre. Donner ce qui nous permet de vivre. Donner et ne plus avoir de quoi vivre. Donner et vivre moins. Cela fait mal. Cela angoisse. Cela fait souffrir. En silence. Avec le sourire. Amoureusement.

'Heureux les pauvres de cœur : le royaume des cieux est à eux.' Matthieu 5,3.

10ème semaine

Lundi

Quand Jésus vit toute la foule qui le suivait, il gravit la montagne. Il s'assit, et ses disciples s'approchèrent. Alors, ouvrant la bouche, il se mit à les instruire.
Il disait : 'Heureux les pauvres de cœur : le Royaume des cieux est à eux !
Heureux les doux : ils obtiendront la terre promise !
Heureux ceux qui pleurent : ils seront consolés !
Heureux ceux qui ont faim et soif de la justice : ils seront rassasiés !

Heureux les miséricordieux : ils obtiendront miséricorde !
Heureux les cœurs purs : ils verront Dieu !
Heureux les artisans de paix : ils seront appelés fils de Dieu !
Heureux ceux qui sont persécutés pour la justice : le Royaume des cieux est à eux !
Heureux serez-vous si l'on vous insulte, si l'on vous persécute et si l'on dit faussement toute sorte de mal contre vous, à cause de moi. Réjouissez-vous, soyez dans l'allégresse, car votre récompense sera grande dans les cieux !' Matthieu 5,1-12

Heureux de donner son temps, ses biens, son argent, son confort, sa santé… jusqu'à devenir pauvre.

Heureux d'être conciliateur, médiateur, pacificateur… jusqu'à subir l'opposition.

Heureux de rechercher l'égalité pour tous, la justice pour tous, l'impartialité, l'intégrité, la loyauté envers tous jusqu'à être injustement traité.

Heureux de pardonner, de faire le premier pas, d'enterrer une querelle, d'éponger un outrage, d'excuser une insulte, d'effacer une dette, de renoncer à la vengeance, de refuser la rancune… jusqu'à tout oublier.

Heureux d'être bon envers et contre tout, malgré la raillerie, la moquerie, la dérision, l'humiliation… jusqu'à être méprisé.

Parce que Dieu est bon, miséricordieux, juste, pacifique, pauvre… Et ressembler à Dieu, c'est accéder à son bonheur. Le bonheur de Dieu.

Mardi

Jésus disait à la foule et à ses disciples : 'Vous êtes le sel de la terre. Si le sel devient fade, avec quoi va-t-on le saler ? Il n'est plus bon à rien : on le jette dehors et les gens le piétinent.

Vous êtes la lumière du monde. Il est impossible qu'une ville soit cachée quand elle est située sur une montagne. Et lorsqu'on allume une lampe, on ne la cache pas non plus sous le boisseau :

on la met sur le lampadaire, et elle rayonne pour tous ceux qui sont dans la maison. De même, que votre lumière rayonne devant les hommes : alors, en voyant ce que vous faites de bien, ils rendront gloire à votre Père qui est dans les cieux.' Matthieu 5,13-16.

La vie est monotone. Tout est banal. Nos journées. Nos soirées. Notre travail. Nos loisirs…
Nous sommes blasés. Lassés. Rassasiés. Fatigués. Désabusés...
Nous avons perdu l'enthousiasme. La ferveur. La passion…
Le monde se refroidit, l'amour peut le réchauffer.
Le monde est ténébreux, la vérité peut l'éclairer.
Le monde est sceptique, la foi peut lui rendre confiance.
Le monde est déprimé, la joie peut lui apporter l'espérance.
Le monde est éphémère, l'éternité nous est donnée.
Le monde est désenchanté, le bonheur nous est accordé.
    Un bonheur ne dépendant ni de l'avoir ni du pouvoir.
    Un bonheur d'être plus, d'aimer plus, de vivre plus.

Mercredi

Jésus disait à la foule et à ses disciples : 'Ne pensez pas que je suis venu détruire la Loi ni les Prophètes : je ne suis pas venu détruire, mais accomplir. Car, vraiment, je vous le dis : avant que le ciel et la terre disparaissent, pas un iota, pas une virgule de la Loi ne disparaîtra, jusqu'à ce que tout soit réalisé.
Celui donc qui détruira un seul des plus petits commandements, et qui enseignera aux hommes à faire ainsi, sera tenu pour le plus petit dans le Royaume des cieux. Mais celui qui les pratiquera et les enseignera sera tenu pour grand dans le Royaume des cieux.' Matthieu 5,17-19.

Pratiquer les commandements, c'est les enseigner.
Vivre l'Evangile, c'est l'annoncer.

Il n'est pas de meilleur témoignage que le vécu, la cohérence entre la foi et l'être. L'harmonie entre ce qui est dit et ce qui est fait.

On ne peut témoigner la bonté de Dieu sans être bon dans le quotidien de nos vies.

On ne peut témoigner la miséricorde de Dieu sans pardonner inlassablement.

On ne peut témoigner la présence vivante et agissante de Dieu sans rayonner la joie et la paix.

On ne peut témoigner l'amour de Dieu sans faire toute chose avec amour.

Le témoignage vécu est vrai, authentique, sûr, fidèle.

Jeudi

Jésus disait à la foule et à ses disciples : 'Si votre justice n'est pas plus parfaite que celle des scribes et des pharisiens, vous n'entrerez pas dans le Royaume des cieux.

Vous avez appris qu'il a été dit à vos ancêtres : Tu ne commettras pas de meurtre, et si quelqu'un commet un meurtre, il devra passer en jugement. Eh bien ! Moi, je vous dis que tout homme qui se mettra en colère contre son frère devra passer en jugement. Si quelqu'un dit à son frère : Raca, imbécile ! Il devra comparaître au grand conseil. Si quelqu'un dit : Au fou ! Il sera condamné à la géhenne de feu.

Quand donc tu viens présenter ton offrande à l'autel, si tu te souviens alors que ton frère a quelque chose contre toi, laisse là ton offrande devant l'autel, va d'abord te réconcilier avec ton frère, et ensuite tu reviendras présenter ton offrande.

Arrange-toi vite à l'amiable avec ton adversaire pendant que tu es en chemin avec lui, pour éviter que ton adversaire ne te livre au juge, le juge au garde, et qu'on ne te jette en prison. Vraiment, je te le dis : tu n'en sortiras pas avant d'avoir payé jusqu'au dernier centime.' Matthieu 5,20-26.

La justice de Dieu, c'est rester dans l'Alliance. Dieu seul est juste. L'homme ne peut se justifier, il ne peut se rendre juste. C'est Dieu seul qui justifie.

Notre vie est un continuel ajustement à la justice de Dieu, à la sainteté de Dieu, à la vérité de Dieu, à l'amour de Dieu.

Ce que nous appelons « péchés » sont des échecs, des ajustements ratés qui nous causent du tort et qui nous fragilisent. Leur répétition crée une forme d'habitude, un chemin de facilités qui laisse des traces et qui nous éloigne de notre objectif : l'ajustement à l'amour de Dieu. Rester, demeurer dans l'Alliance, dans la relation avec Dieu, dans la proximité de Dieu est une priorité.

Qui que nous soyons, quoi que nous fassions, Dieu demeure présent, attentif à nous garder dans l'Alliance. La tendresse de Dieu n'est jamais remise en question. Elle ne pose aucune condition. Elle n'est jamais déçue. Elle est constante. Elle est patiente. Elle est aimante. Elle est éternelle.

Vendredi

Jésus disait à la foule et à ses disciples : 'Vous avez appris qu'il est dit dans la Loi : Tu ne commettras pas d'adultère. Eh bien ! Moi, je vous dis que tout homme qui regarde une femme pour la désirer a déjà commis l'adultère avec elle en pensée.

Si ton œil doit t'entraîner au péché, arrache-le, et jette-le loin de toi ; car il est avantageux pour toi de perdre un de tes membres, et que ton corps entier ne soit pas jeté dans la géhenne ; et si ta main droite t'entraîne au péché, coupe-la, et jette-la loin de toi ; car il est avantageux pour toi de perdre un de tes membres, et que ton corps entier ne soit pas jeté dans la géhenne.

On vous a dit : Si quelqu'un renvoie sa femme, il lui donnera un acte de divorce. Et bien ! Moi, je vous dis que tout homme qui renvoie sa femme – excepté pour motif d'union illégitime – la pousse à l'adultère ; et si quelqu'un épouse une femme renvoyée, il commet l'adultère.' Matthieu 5,27-32.

Nous nous contentons souvent du minimum. Ne pas tuer. Ne pas voler. Et le reste ? Eh bien, c'est selon les circonstances, selon notre humeur, selon notre générosité, selon nos accommodements.
Pourvu que cela ne contrarie pas nos habitudes, notre confort, notre bonne conscience.
Pourvu que nous puissions profiter de la vie et assurer notre bonheur, notre plaisir, notre jouissance, notre tranquillité.

Jésus a une autre vision de l'homme. Il ne se satisfait pas d'une vie au rabais. L'amour des autres ne signifie pas seulement renoncer à leur faire du tort.

Aimer l'autre…
c'est porter un regard de bonté sur l'autre ;
c'est vouloir le bonheur de l'autre ;
c'est le reconnaître dans son identité, dans son individualité ;
c'est le regarder dans sa dignité, dans son humanité ;
c'est le considérer comme un être en devenir, un être en réalisation ;
c'est le respecter dans son intégrité ;
c'est le rencontrer au-delà des apparences et des différences ;
c'est l'accepter dans une relation égalitaire ;
c'est être attentif à ses besoins, à ses souffrances, à ses lassitudes, à ses découragements ;
c'est le soutenir, le consoler, l'aider, le libérer, l'apaiser, l'encourager ;
c'est voir en tout homme, en toute femme, la présence de Dieu, la bonté de Dieu, le visage de Dieu, la vie de Dieu… et l'aimer.

<u>Samedi</u>

Jésus disait à la foule et à ses disciples : 'Vous avez appris qu'il a été dit à vos ancêtres : Tu ne commettras pas de parjure, tu tiendras tes serments envers le Seigneur. Eh bien ! Moi, je vous dis de ne pas jurer du tout : ni par le ciel, parce qu'il est le trône de Dieu ; ni par la terre, parce qu'elle est son marchepied ; ni par Jérusalem, parce qu'elle est la cité du grand roi. Et tu ne jureras pas non plus par ta tête, parce que tu es incapable de rendre blanc ou noir un seul de tes cheveux. Votre parole sera oui, si c'est oui, non, si c'est non. Tout ce qui est en plus vient du Mauvais.' Matthieu 5,33-37.

La vérité ? On dit qu'elle est relative, subjective, approximative. On retourne sa veste. On refuse de perdre la face. On manipule. On trompe. On ment. On dissimule…

La vérité.

En grec, la vérité signifie la réalité dévoilée. La correspondance entre la réalité et la pensée. Le contraire de la vérité est l'erreur ou le mensonge.

En hébreu, la vérité est ce qui est solide, stable. Elle désigne celui ou celle en qui on peut se fier. Ce à quoi on peut se fier. La vérité mérite la confiance et la fidélité. Elle résiste à l'usure du temps. Son contraire est la rupture du lien entre deux personnes.

Les évangiles utilisent le mot au sens grec. La vérité est conforme à la réalité.

Pour Jean, la vérité existe en Jésus. Vérité en personne. Vérité dite et attestée. Ses paroles et ses actions sont l'expression même de la vérité de Dieu.

'Or, vous cherchez maintenant à me faire mourir, moi qui vous ai dit la vérité que j'ai entendue auprès de Dieu… Quant à moi, c'est parce que je dis la vérité que vous ne me croyez pas…' Jean 8,40.45s.

Paul utilise les expressions : dire la vérité ou être vrai, être véridique. La vérité de l'Evangile libère l'homme.

'Vous voilà donc débarrassés du mensonge : que chacun dise la vérité à son prochain, car nous sommes membres les uns des autres.' Ephésiens 4,25.

11ème semaine

Lundi

Jésus disait à la foule et à ses disciples : 'Vous avez appris qu'il a été dit : Œil pour œil et dent pour dent.

Et moi, je vous dis de ne pas tenir tête au méchant, mais si quelqu'un te donne une gifle sur la joue droite, présente-lui encore l'autre ; et si quelqu'un veut te citer en justice et te prendre ta chemise, laisse-lui encore ton manteau ; et si quelqu'un te réquisitionne pour faire mille pas, fais-en deux mille avec lui.

Donne à celui qui te demande et, si quelqu'un veut t'emprunter de l'argent, ne cherche pas à l'éviter.' Matthieu 5,38-42.

Œil pour œil et dent pour dent.

C'est déjà un début d'humanisation. Ne pas infliger à l'autre plus de coups que l'on a reçus. C'est déjà une forme de justice… dans le mal. Mais ce n'est pas l'amour !

Aimer l'autre….
C'est considérer l'acte accompli comme mauvais, mais voir dans l'auteur de l'acte une capacité de faire le bien.
C'est lui octroyer un a priori de bonté.
C'est croire en sa capacité de poser un acte bon.
C'est avoir la certitude qu'au-delà de l'acte destructeur qu'il a commis, il possède la capacité de faire le bien.
C'est ouvrir à l'autre une possibilité, un chemin vers le bien.
C'est lui permettre de se réaliser en humanité en faisant le bien.

La vengeance ou la rancune me positionnent en adversaire, au même niveau que celui qui a fait le mal.

Tendre la joue est un geste prophétique….
C'est dire à l'autre qu'il n'est pas considéré comme un ennemi.
C'est interpeller l'autre et lui faire percevoir que l'escalade dans le mal nous détruit, anéantit la relation, compromet l'avenir.
C'est affirmer que l'autre n'est pas identifié au mal qu'il a fait.
C'est démontrer qu'il est toujours digne de respect et de considération.
C'est briser la spirale de la violence pour installer la paix.

Lorsque le désaccord survient, lorsque le conflit est engagé, il est nécessaire et urgent d'y mettre fin par un geste, par une parole, par un regard d'apaisement afin de ne pas détruire ce que la bonté, l'amour et la fraternité ont construit.

Mardi

Jésus disait à la foule et à ses disciples : 'Vous avez appris qu'il a été dit : Tu aimeras ton prochain et tu haïras ton ennemi.
Et moi, je vous dis : Aimez vos ennemis et priez pour ceux qui vous persécutent, afin d'être les fils de votre Père qui est dans les cieux, qui fait lever son soleil sur les méchants comme sur les bons, et tomber la pluie sur les justes comme sur les injustes. Car, si vous aimez ceux qui vous aiment, quelle récompense méritez-vous ? Les publicains n'en font-ils pas autant ? Et si vous saluez vos frères seulement, que faites-vous d'extraordinaire ? Vous donc, soyez parfaits comme votre Père céleste est parfait.' Matthieu 5,43-48.

Il y a…
des conflits qui durent,
des querelles qui s'éternisent,
des rancunes qui persistent,
des mésententes de plusieurs générations.

Voir un ennemi…
C'est quelque chose en soi qui est menacé, fragilisé.
C'est être confronté à des pulsions violentes.
C'est entretenir la rancune.
C'est restreindre sa liberté.
C'est perdre la paix.
C'est s'enfermer dans la haine.
C'est être dépossédé de la joie.

Aimer un ennemi…
C'est renverser un préjugé.
C'est inventer la réconciliation.
C'est examiner la cause du conflit.
C'est oser faire le premier pas.
C'est se révéler à l'autre.

C'est ouvrir le dialogue.
C'est organiser la rencontre.
C'est échanger les points de vue.
C'est trouver ensemble la solution.
C'est faire triompher l'humain.
C'est gagner en bonté.
C'est retrouver la paix.

Mercredi

Comme les disciples s'étaient rassemblés sur la montagne, autour de Jésus, il leur disait : 'Si vous voulez vivre comme des justes, évitez d'agir en présence des hommes pour vous faire remarquer. Autrement, il n'y a pas de récompense pour vous auprès de votre Père qui est aux cieux.' Matthieu 6,1-6.16-18.

La mode est « au court », la mode est « au long ». Telle marque de voiture, tel modèle sont signes de richesse, de réussite. Porter telle marque est synonyme d'un bon train de vie. Les vacances dans un pays lointain démontrent un grand standing... Et puis, il y a les cocktails, les banquets, les réceptions, les bonnes tables... La compagnie de gens riches, de gens ayant pignon sur rue, de vedettes politiques et autres... Nous soignons notre image. Nous voulons être mis en avant. Nous aimons être admirés.

Pourtant, lorsque les lampions sont éteints, lorsque les flashs cessent de crépiter, lorsque les projecteurs refroidissent, nous nous retrouvons seuls avec nous-mêmes.

Qui sommes-nous en réalité ? En vérité ? Quel sens donnons-nous à notre vie ?

Regardons notre fragilité, nos peurs, nos questionnements. La vie. La mort. L'amour. La souffrance. L'amitié. Le bonheur... Sommes-nous appelés à vivre dans l'illusion, l'apparence, le semblant, le superficiel, l'éphémère, le provisoire, la dépendance, le mensonge ?

Dieu nous renvoie l'image de nous-mêmes comme un miroir sans défauts. Devant Dieu, tout est transparent.
Il est vérité, et nous découvrons notre mensonge.
Il est amour, et nous considérons notre repli sur nous-mêmes.
Il est douceur, et nous constatons notre violence.
Il est pardon, et nous voyons notre rancune.

Alors, tout est possible. Tout redevient possible. La vérité, l'amour, la douceur, le pardon… Un avenir s'ouvre devant nous. Une éternité de vérité et de joie. L'accomplissement et la réalisation de l'humain que nous sommes. Alors, combien vain et trompeur nous paraîtra le « faux semblant » d'aujourd'hui ! Dieu connaît notre soif d'absolu. Il nourrit notre faim de vérité, de justice, d'amour et de paix. Il comble notre besoin d'espérance.

Notre éternité est commencée. L'humain devient divin. Nous sommes habités par Dieu. Ici et maintenant, nous faisons l'expérience de la présence agissante de Dieu. Ici et maintenant, nous avons un « avant-goût » du bonheur d'être aimés par Dieu. Eternellement aimés.

<u>Jeudi</u>

Jésus disait à ses disciples : 'Lorsque vous priez, ne rabâchez pas, comme les païens : ils s'imaginent qu'en multipliant les paroles ils seront exaucés. Ne les imitez donc pas, car votre Père sait de quoi vous avez besoin avant que vous l'ayez demandé.
C'est donc ainsi que vous prierez :
Notre Père qui es aux cieux,
que ton nom soit sanctifié,
que ton règne vienne,
que ta volonté soit faite sur la terre comme au ciel ;
donne-nous aujourd'hui notre pain de ce jour ;
remets-nous nos dettes, comme nous-mêmes remettons à ceux qui nous doivent ;
et ne nous soumets pas à la tentation,

mais délivre-nous du Mal.

Car, si vous ne pardonnez pas aux hommes leurs manquements, votre Père ne pardonnera pas non plus vos manquements. Matthieu 6,7-15.

Comment nos lèvres peuvent-elles dire « Notre Père » alors que notre cœur dit « je ». Je prie. Je récite ma prière. Je fais mes dévotions. Je fais ma neuvaine. Je récite mon chapelet…

Le premier « miracle » de la prière est de nous mettre ensemble. D'être ensemble. D'être réunis. D'être en communion. De nous rassembler.

Non pas des gens dispersés, éparpillés dans un lieu. Non pas des gens isolés pour prier mon Dieu à moi, mon Jésus à moi, pour prier à ma façon. Non pas des gens enfermés dans une tour d'ivoire, coupés du monde, super-protégés.

Mais prier avec le cœur ouvert à la dimension du groupe, de l'assemblée, de la communauté. Vivre ensemble. Vivre la proximité. Vivre la promiscuité des nationalités, des races, des origines sociales, des niveaux intellectuels, des âges, des sexes, des générations.

Le commandement *'Aimez-vous les uns les autres'* (Jean 13,34) prévaut aussi dans la prière. Porter les faibles. Encourager les souffrants. Ecouter les isolés. Apaiser les anxieux. Soutenir les blessés…

Dans la prière, les portes sont grandes ouvertes, le cœur est accueillant, l'esprit est élargi aux préoccupations du monde, aux problèmes de société, aux soucis des voisins, aux souffrants, aux malades, aux angoissés, aux pauvres, aux désespérés…

Porter les autres dans la prière est le début de l'action. C'est déjà l'amour. C'est déjà une main tendue. C'est déjà le premier geste, le premier de beaucoup d'autres. Parce que la prière est action. Elle est concrète. Elle est objective. Elle est efficace. Elle est efficiente. Elle ne laisse pas au repos. Elle est dynamisme.

Dès le début de sa prédication, Jésus a fait « communauté » avec des hommes, avec des femmes, de tous bords, de toutes professions, de toutes sensibilités. Des bons et des moins bons. Des intelligents et des autres. Ils étaient douze, puis des centaines, et enfin une foule.

Pourquoi les croyants sont-ils si seuls, si isolés, si vulnérables aussi ?

Osons la rencontre. Osons la communauté. Osons l'échange, le partage, le témoignage.

Être deux. Être trois. Et Dieu est présent.
'Notre Père…'

<u>Vendredi</u>

Jésus disait à ses disciples : 'N'accumulez pas vos trésors sur la terre, où il y a des vers et des mites qui les rongent, des voleurs qui forcent les murs pour voler.

Accumulez vos trésors dans le ciel, où il n'y a pas de vers ni de mites qui les rongent, pas de voleurs qui forcent les murs pour voler. A l'endroit où est ton trésor, là aussi sera ton cœur.

La lampe du corps, c'est l'œil. Donc, si ton œil est limpide, tout ton corps sera dans la lumière. Mais si ton œil est mauvais, tout ton corps sera dans l'obscurité. Si la lumière qui est en toi est obscure, quelle obscurité profonde !' Matthieu 6,19-23.

Nous passons notre vie à accumuler des biens durables ou éphémères. Des biens de valeur ou obsolètes. Des biens que l'on garde. Des biens que l'on jette. Des biens que l'on remplace. Ceux auxquels nous sommes attachés. Ceux qui sont d'un grand prix. Ceux qui sont inutiles. Nous croyons les posséder, mais ce sont eux qui nous possèdent. Ils nous préoccupent. Ils nous obsèdent. Ils sont la cause de nos soucis. Ils sont l'origine de nos conflits. Ils font naître le désir d'en avoir plus. D'en posséder plus. D'en collectionner plus. D'en entasser plus. De nous encombrer plus. Toujours plus. La fièvre de la possession.

'Stop !', nous dit Jésus. Où va l'humain dans ce tourbillon ? Où est l'humain dans ce désir incontrôlé ?

Les biens de consommation sont à notre service. Ils répondent à nos besoins. Ils sont créés, fabriqués par la communauté pour notre usage, pour notre confort. Le surplus devrait être partagé. Il devrait retourner à la communauté. Il devrait être l'objet de la solidarité. Il devrait servir à la fraternité.

Le trésor est un moyen de rencontrer les autres. Il est objet de partage. Il sert la justice. Il établit l'égalité entre les humains.

La grandeur de l'homme n'est pas dans la quantité de biens accumulés, mais dans les qualités du cœur : amour, partage, justice, générosité, compassion, pardon, paix.

C'est ce trésor-là que nous emportons dans l'éternité.

<u>Samedi</u>

Jésus disait à ses disciples : 'Aucun homme ne peut servir deux maîtres ; en effet, ou bien il détestera le premier, et aimera le second ; ou bien il s'attachera au premier, et méprisera le second. Vous ne pouvez pas servir à la fois Dieu et l'Argent.

C'est pourquoi je vous dis : Ne vous tourmentez pas pour votre vie, de ce que vous mangerez, ni pour votre corps, de ce que vous mettrez. La vie ne vaut-elle pas davantage que la nourriture, et le corps davantage que le vêtement ?... Ne vous tourmentez donc pas en disant : 'Que mangerons-nous ?' ou bien : 'Que boirons-nous ?' ou bien : 'Que mettrons-nous ?' (tout cela, en effet, les païens le recherchent). Mais votre Père céleste sait que vous avez besoin de tout cela. Cherchez d'abord le Royaume et la justice de Dieu, et tout cela vous sera donné par-dessus le marché. Ne vous tourmentez donc pas pour demain, car demain se tourmentera pour lui-même ; à chaque jour suffit sa peine.' Matthieu 6,24-34.

« L'argent ne fait pas le bonheur… » Nous corrigeons aussitôt : « Mais il y contribue ! »

Deux maîtres : Dieu de Jésus-Christ et dieu Argent.

A qui donner sa foi, sa confiance ? Au service duquel engager notre vie ? Quel est celui qui donne le bonheur ?

Dieu Argent est avide de gains, de capitaux, de bénéfices.
Il mesure son importance sur un compte en banque, par l'importance des biens accumulés, par l'étendue des biens immobiliers, par les signes extérieurs de richesse.
Il influence, il motive, il tente, il est l'objet de tous les désirs, il est de toutes les passions, de toutes les fascinations.
Il est la cause du vol, du meurtre, du détournement, de la malversation, de la tromperie, de la tricherie, du mensonge, de l'arnaque, de l'escroquerie.
Il est lié à la chance, au hasard du jeu, du pari, de la loterie, du pronostic
L'homme lui rend un culte en lui offrant de son temps, de son énergie, de son travail, de sa santé, de sa vie.
Dieu de Jésus-Christ.
Il est présence vivante, discrète et efficace.
Il respecte l'homme dans son identité, dans sa liberté, dans sa dignité, dans son individualité, dans son humanité.
Il invite au partage, à la compassion, au pardon, à la réconciliation, à la fraternité, à la paix.
Il ne soumet pas, il invite. Il n'emprisonne pas, il libère. Il ne domine pas, il est serviteur. Il ne divise pas, il unifie. Il ne tourmente pas, il apaise. Il n'est pas violent, il est douceur. Il ne bouscule pas, il est patience. Il ne culpabilise pas, il est indulgence.
Dieu de Jésus-Christ ou dieu Argent ?

12ème semaine

Lundi

Jésus disait à ses disciples : 'Ne jugez pas, pour n'être pas jugés. Car vous serez jugés par le jugement dont vous jugez, et l'on vous mesurera avec la mesure dont vous mesurez.
Pourquoi vois-tu la paille qui est dans l'œil de ton frère, et la poutre qui est dans le tien, ne la vois-tu pas ?

Ou comment peux-tu dire à ton frère : Laisse-moi, je vais enlever la paille de ton œil, alors qu'il y a une poutre dans le tien ?
Hypocrite, enlève d'abord la poutre de ton œil, et alors tu verras clair pour enlever la paille de l'œil de ton frère.' Matthieu 7,1-5.

Une paille et une poutre... dans l'œil !

L'une et l'autre rétrécissent notre champ de vision. L'une et l'autre rendent aveugle. Images partielles. Images déformées. Images floues.

Nous regardons les autres évoluer dans la vie. Faire des choses. Poser des actes. Nous ne connaissons ni leurs intentions, ni leurs motivations. Nous croyons les connaître, alors qu'ils nous échappent. Nous croyons avoir percé leurs pensées, alors que nous ne les connaissons pas.

Nous sommes à la fois juge et bourreau. Pas d'excuses. Pas de circonstances atténuantes. Pas de prises en considération. Pas de concessions. Jugements sans appel. Jugements sévères. Jugements impitoyables.

Casser l'autre. Le briser. Le soumettre. Le désavouer. Le condamner.

Nous ne connaissons pas la vie des autres. Ni leurs joies. Ni leurs souffrances. Ni leurs efforts. Ni leurs limites. Ni leurs capacités. Ni leurs faiblesses.

L'autre est tellement plus que ce qu'il paraît. Il est tellement plus grand que ce que je vois. Il est tellement plus performant que ses échecs. Il est tellement plus efficace que ses limites. Il est tellement plus riche que ses insuccès.

La vie de l'homme s'inscrit dans la croissance. Demain sera meilleur qu'aujourd'hui. Un regard d'amour grandit l'homme. Un compliment dynamise. N'enfermons pas les autres dans leur passé. Ne les enchaînons pas à leurs échecs. Ouvrons un avenir. Donnons notre confiance. Demain est rempli de promesses.

Elargissons notre regard sur l'homme. Sur le tout de l'homme. Non sur le passé. Ni même sur le présent. Mais sur l'avenir. Sur sa

capacité d'épanouissement et de réalisation. C'est le regard que Dieu porte sur nous-mêmes.
Alors, la paille ou la poutre ?
Ni l'une, ni l'autre.
Seulement un regard de bonté et de confiance.

Mardi

Jésus disait à ses disciples : 'Ne donnez pas aux chiens ce qui est sacré, ne jetez pas vos perles devant les pourceaux, de peur qu'ils ne les piétinent et se retournent pour vous déchirer.

Tout ce que vous voulez que les autres fassent pour vous, faites-le de même pour eux : c'est ici la Loi et les prophètes.

Entrez par la porte étroite, car elle est large, la porte, et bien dégagée, la route qui conduit à la mort. Combien est étroite, la porte, et resserrée, la route qui conduit à la vie : ils sont peu nombreux, ceux qui la trouvent !' Matthieu 7,6.12-14.

Une route large, dégagée, d'accès facile, au trafic fluide et rapide.

La foule attire la foule ! Il suffit d'observer le succès de certains vendeurs sur les stands de foire. Dans notre société de consommation, nous nous comportons souvent comme un troupeau docile aux diverses sollicitations.

Une porte étroite qu'il faut chercher, que l'on franchit sans bagages. Un passage pour une personne à la fois. Une porte où notre identité est reconnue. Une porte par laquelle chacun trouve son propre chemin, son propre cheminement, son plein épanouissement, sa propre réalisation. Une porte où chacun rencontre l'autre, en vérité.

Une porte où nous sommes attendus, où un amour nous attend. Une porte ouverte sur la vie. La porte étroite où Dieu se tient.

Mercredi

Jésus disait à ses disciples : 'Soyez en garde contre les faux prophètes : ils viennent vers vous déguisés en brebis, mais au-dedans ce sont des loups rapaces. C'est à leurs fruits que vous les reconnaîtrez.

Est-ce que l'on cueille du raisin sur des épines, ou des figues sur des chardons ? C'est ainsi que tout bon arbre produit de bons fruits, et qu'un mauvais arbre produit de mauvais fruits. Un bon arbre ne peut pas porter de mauvais fruits, ni un mauvais arbre produire de bons fruits.

Tout arbre qui ne produit pas de bon fruit, on le coupe et on le jette au feu. C'est donc à leurs fruits que vous les reconnaîtrez.'
Matthieu 7,15-20.

Prophètes de malheurs. Prophètes de catastrophes. Prophètes de bonheur. Créateurs de bonheur. Illusionnistes. Magiciens. Escrocs. Manipulateurs…

Jésus ne promet pas, il donne.
Il ne fait pas de projets, il réalise.
Il ne commande pas, il fait.
Il n'enseigne pas, il vit.
Il ne déclare pas, il aime.
Il ne fuit pas, il accomplit.
Il ne triche pas, il meurt.
Il ne trompe pas, il est ressuscité.

Jeudi

Jésus disait à ses disciples : 'Ceux qui me disent : Seigneur, Seigneur ! n'entreront pas tous dans le Royaume des cieux ; mais seulement celui qui fait la volonté de mon Père qui est dans les cieux.

Bien des gens me diront en ce grand jour : Seigneur, Seigneur, n'est-ce pas en ton nom que nous avons prêché, en ton nom que nous avons chassé les démons, en ton nom que nous avons fait beaucoup de miracles ?

Alors je leur déclarerai : Je ne vous ai jamais reconnus. Ecartez-vous de moi, vous qui faites le mal !...' Matthieu 7,21-29.

Pour faire sa volonté, il faut le connaître. Savoir ce qui le fait vivre. Apprendre quel est son projet. Acquiescer à ses idées.

Pour faire sa volonté, il faut se lever. Se désinstaller. Se mettre en route. Quitter ses sécurités. Ne rien emporter.

Pour faire sa volonté, il faut accéder au chantier. Se mettre au travail. Œuvrer comme compagnon. Aider comme manœuvre. Oser. Rencontrer. Annoncer. Partager. Créer. Planifier. Réaliser.

Pour faire sa volonté, il faut le retrouver. Ecouter ses conseils. Méditer ses paroles. Pénétrer ses intentions.

Pour faire sa volonté, il faut poursuivre la mission. Fidèlement. Volontairement. Librement. Inlassablement. Loyalement. Sans céder aux séductions. Aux tentations. Aux découragements.

Et puis, se reposer en lui.
Et l'aimer.
Dieu.

Vendredi

Lorsque Jésus descendit de la montagne, de grandes foules le suivirent.

Or, un lépreux s'était approché et se prosternait devant lui en disant : 'Seigneur, si tu le veux, tu peux me purifier.' Jésus étendit la main, le toucha et lui dit : 'Je le veux, sois purifié.' Aussitôt il fut purifié de sa lèpre.

Et Jésus lui dit : 'Attention, ne le dis à personne, mais va te montrer au prêtre et offre le présent que Moïse a prescrit : ce sera pour eux un témoignage.' Matthieu 8,1-4.

On se méfie des purs. De ceux qui se considèrent comme purs. Avec orgueil. Avec ambition. Avec mépris. Avec sectarisme. Ils persécutent. Ils tuent. Ils détruisent. Ils combattent. Ils exterminent.

Ils ont leur dieu. Leurs dogmes. Leur catéchisme. Leurs vertus. Leur morale.

Les purs l'avaient jugé impur. Ils l'avaient condamné. Ils l'avaient isolé. Ils l'avaient rejeté. Ils l'avaient ligoté. Par peur. Par haine. Par aversion. Par xénophobie. Par homophobie. Par ségrégation. Par discrimination.

Jésus guérit l'impur. Non pour qu'il devienne un pur parmi les purs. Mais pour le réintroduire dans la société. Dans la communauté. Pour le remettre en relation. Pour lui rendre son identité. Son statut. Sa personnalité. Pour faire progresser la société. Pour la rendre plus humaine. Plus accueillante. Plus aimante.

Impur parmi les purs ?

Samedi

Comme Jésus venait d'entrer à Capharnaüm, un centurion de l'armée romaine s'approcha de lui et lui fit cette prière : 'Seigneur, mon serviteur est couché à la maison paralysé ; il souffre atrocement.' Jésus lui dit : 'Je vais aller moi-même le guérir.' Le centurion reprit : 'Seigneur, je ne suis pas digne que tu entres sous mon toit ; mais dis seulement un mot, et mon serviteur sera guéri. Moi qui suis un subalterne, j'ai des soldats sous mes ordres. A l'un je dis : Va et il va ; à l'autre : Viens, et il vient ; et à mon esclave : Fais ceci, et il le fait.'

Entendant cela, Jésus fut dans l'admiration...

Puis Jésus dit au centurion : 'Va, sois exaucé selon ce que tu as cru.' Et à l'heure même le serviteur fut guéri... Matthieu 8,5-17.

Un incroyant qui prie. Un incroyant qui croit. Un incroyant dont le serviteur est guéri selon sa foi.

Il ne faut pas être circoncis pour être chrétien. Il ne faut pas être religieux pour croire.

Croire, c'est rencontrer Dieu.

Croire, c'est entrer en relation avec Dieu.

Croire, c'est prier Dieu.

Croire, c'est se laisser habiter par Dieu.
Croire, c'est se laisser travailler par Dieu.
    Et le serviteur est guéri.
    Et mon ami est guéri. Et mon voisin est guéri. Et mon lointain est guéri.
    Et la communauté est guérie. Et la société est guérie. Et l'humanité est guérie.
               Croire. Croire seulement.

13ème semaine

Lundi

    Jésus voyant que de grandes foules l'entouraient, donna l'ordre de passer sur l'autre rive du lac.
    Un scribe s'avança et lui dit : 'Maître, je te suivrai partout où tu iras.' Jésus lui répondit : 'Les renards ont des terriers, les oiseaux du ciel ont des nids, mais le Fils de l'homme n'a pas d'endroit où reposer sa tête.'
    Un autre, un disciple, lui dit : 'Seigneur, permets-moi d'aller d'abord enterrer mon père.' Jésus lui dit : 'Suis-moi, et laisse les morts enterrer leurs morts.' Matthieu 8,18-22.
    Ils croyaient suivre Jésus et garder leurs attaches.
Ils croyaient suivre Jésus et conserver leurs biens.
Ils pensaient pouvoir faire des accommodements.
Ils comptaient sur un arrangement.
Ils pouvaient très bien faire semblant d'être pauvres.
Ils pouvaient très bien paraître détachés des servitudes du monde.
    Marcher dans les pas de Jésus, …
c'est vivre autrement ;
c'est considérer l'amour comme première priorité ;
c'est mettre la relation au sommet de l'échelle des valeurs ;
c'est sortir du conformisme ;
c'est agir dans la vérité ;

c'est mettre l'homme au centre de ses préoccupations ;
c'est puiser la motivation dans la prière ;
c'est méditer la parole ;
c'est être le serviteur des tout-petits ;
c'est se laisser travailler par Dieu ;
c'est rechercher le silence habité par Dieu ;
c'est avoir pleine confiance en la bonté de Dieu ;
c'est se laisser aimer par la tendresse de Dieu ;
   et être heureux ainsi.

<u>Mardi</u>

Jésus monta dans une barque, et ses disciples le suivirent.
Mais voilà que le lac fut si violemment agité que les vagues recouvraient la barque. Et Jésus dormait.
Les disciples s'approchèrent et le réveillèrent en disant : 'Seigneur, sauve-nous ! nous sommes perdus !' Il leur dit : 'Pourquoi avoir peur, hommes de peu de foi ?'
Alors il se leva, il menaça les vents et la mer et il se fit un grand calme... Matthieu 8,23-27.

On pourrait croire que suivre Jésus, c'est la protection assurée. C'est la sécurité. C'est la réussite. C'est le bonheur.
   Et voilà la tempête. La maladie. L'échec. Le deuil.
A quoi sert la foi si l'épreuve frappe aussi le croyant ?
A quoi sert la foi si le Chrétien n'est pas privilégié ?
   La foi véritable ne connaît pas la peur.
Le croyant ne connaît pas la peur face à l'épreuve.
Le disciple de Jésus croit que jamais il ne sera anéanti par le mal.
Le Chrétien croit que ni le mal, ni la souffrance, ni la mort n'auront le dernier mot.
La foi est la certitude que la vie en Dieu est éternelle.
La foi est sereine. Elle est confiante. Elle ne craint pas. Elle est paisible. Elle est heureuse.
   Heureux de croire.

Croire et être heureux.

<u>Mercredi</u>

Comme Jésus était arrivé sur l'autre rive du lac, dans le pays des Gadaréniens, deux hommes possédés du démon vinrent à sa rencontre. Ils habitaient dans les tombeaux, et ils étaient si furieux que personne ne pouvait passer par ce chemin.

Ils se mirent à crier : 'Que nous veux-tu, fils de Dieu ? Es-tu venu pour nous tourmenter avant l'heure ?'

Or, il y avait à distance un grand troupeau de porcs en train de paître. Les démons suppliaient Jésus : 'Si tu nous chasses, envoie-nous dans le troupeau de porcs.'

Jésus leur dit : 'Allez-y.' Alors ils sortirent pour aller dans les porcs, et voilà que tout le troupeau se jeta dans le lac du haut d'une falaise, et les porcs moururent noyés... Matthieu 8,28-34.

Nous avons nos démons.

Démon de la peur, de l'anxiété, de l'angoisse. Démon de midi. Démon du jeu. Démon de l'orgueil. Démon de l'avarice... Démons qui s'installent à notre insu. Démons que nous invitons. Démons qui nous envahissent. Démons qui prennent le pouvoir. Démons qui nous emprisonnent...

Nous avons nos tombeaux.

Modernes. Confortables. Luxueux. On s'y installe. On en profite. On s'y plaît.
Nous y calculons nos profits aux dépens de ceux qui ne peuvent se défendre. Nous y avons nos plaisirs que procure l'argent. Nous y recevons nos amis, cercle restreint de ceux qui, comme nous, profitent de la vie. Nous excluons les pauvres, les mendiants, les sans-logements, les sans-papiers, les sans-travail. Nous préférons la nuit des complots, des compromissions, des dessous-de-table, des combines... Nous présentons une façade qui suscite l'envie de ceux qui ne possèdent rien.

'Délivre-nous du mal.'

Jeudi

Jésus monta dans une barque, traversa le lac, et vint dans sa ville de Capharnaüm.
Or, on lui amenait un paralysé, couché sur un lit.
Voyant leur foi, Jésus dit au paralysé : 'Confiance, mon fils, tes péchés sont pardonnés.'
Quelques scribes disaient intérieurement : 'Celui-là blasphème.' Jésus, qui avait vu leurs pensées, demanda : 'Pourquoi ces pensées malveillantes ? Qu'est-ce qui est le plus facile en effet ? De dire : 'Tes péchés sont pardonnés', ou de dire : 'Lève-toi et marche ?' Eh bien ! Pour que vous sachiez que le Fils de l'homme a le pouvoir de pardonner les péchés sur la terre, (alors il s'adressa au paralysé), je te le dis : lève-toi, prends ton lit et rentre chez toi.' Il se leva et partit chez lui.
En voyant cela, les foules furent saisies de crainte et rendirent gloire à Dieu d'avoir donné aux hommes une telle autorité.
Matthieu 9,1-8.

Le mal existe. Le mal est présent.
Mal individuel ou mal collectif.
Nous l'avons commis ou nous l'avons évité. Nous l'avons subi ou nous l'avons infligé. Nous en sommes conscients ou inconscients. Nous le regrettons ou nous en sommes satisfaits.
Il nous préoccupe. Il nous obsède. Il nous fait peur. Il nous fait plaisir. Il nous est familier. Nous l'acceptons ou nous le rejetons.
Il crée une dépendance. Il nous soumet. Il nous domine. Il brise notre volonté.
Il est tapi en embuscade. Il épie nos faiblesses. Il agit dans la nuit. Il dévore nos résistances. Il dérègle notre raison. Il nous détruit.

Un combat continu…

Lui opposer la force du bien. Contrebalancer avantageusement nos tendances par des actes de bonté. Permettre au bien d'occuper tout l'espace. Renforcer nos résistances.

Avec force. Avec assurance. Avec courage. Avec persévérance. Avec foi.
        Le mal est vaincu. L'homme se lève. Il est debout.

<u>Vendredi</u>

Après avoir guéri un paralysé, à Capharnaüm, Jésus sortit et vit un homme assis au bureau de la douane ; il s'appelait Matthieu. Jésus dit : 'Suis-moi !' L'homme se leva et suivit Jésus.
Comme il était à table à la maison, voilà que beaucoup de publicains et de pécheurs vinrent s'attabler avec Jésus et ses disciples… Matthieu 9,9-13.

    Un jour ordinaire. Un homme au travail. ***'Suis-moi !'*** L'homme se lève. Et pour sceller son engagement, il organise un repas, et il invite Jésus à sa table. Ses amis, ses collègues se réjouissent avec lui.
    Changement brutal. Décision rapide. Bouleversement d'une vie.
    Deux mots : ***'Suis-moi !'***.
    L'un appartient à Matthieu : ***'Suivre.'***
Il faut se lever. Il faut se déplacer. Il faut marcher. Dans un but. Vers quelque chose ou quelqu'un. Il faut quitter un endroit. Quitter une situation. Quitter ce qui retenait captif par des sentiments, par des émotions, par des intérêts, par des sécurités, par des facilités, par des habitudes. Il faut acquiescer au changement, à la modification, à la perturbation, à l'incertitude, à l'aventure, à la fragilité, à la pauvreté.
    L'autre mot appartient à Jésus : ***'Moi.'***
Non pas une idée. Non pas un projet. Non pas un idéal. Non pas une sagesse. Non pas une utopie. Non pas un rêve. Mais une personne, un humain avec des sentiments, avec des émotions, avec des idées, avec une autorité, avec une personnalité, avec un savoir-faire, avec un savoir-être, avec un devenir.
    Et faire confiance. Croire en lui. Quoiqu'il arrive. Savoir que Jésus porte en lui le projet de bonheur que chacun désire.
        Oui, bonheur vrai, durable, éternel.

Samedi

Les disciples de Jean Baptiste viennent trouver Jésus pour lui dire : 'Alors que nous-mêmes et les pharisiens pratiquons le jeûne, pourquoi tes disciples ne jeûnent-ils pas ?'... Matthieu 9,14-17.
Nous, nous jeûnons, eux ne jeûnent pas.
Nous, nous pratiquons, eux ne pratiquent pas.
Nous, nous allons à la messe, eux n'y vont pas.
Nous, nous faisons nos Pâques, eux ne les font pas.
Nous, nous sommes enterrés à l'église, eux ne le sont pas.
Nous..., eux...
Dieu crée-t-il la division dans l'humanité ? Les uns pour, les autres contre ou indifférents ? Les autres doivent-ils être montrés du doigt ? Un doigt accusateur ? Un doigt méprisant ? Un doigt condamnant ?

L'humanité est une et indivisible. Chaque être humain porte en lui-même un projet de pleine humanisation. De plein accomplissement. Dieu répond à ce projet par l'amour, la bonté, la tendresse. Moyens pour que l'homme grandisse. Pour que l'homme s'humanise. Dans la rencontre. Dans la fraternité. Dans l'amitié. Dans le respect. Dans la dignité.
Il n'y a plus « nous » et « eux ».
Mais uniquement « nous » et « Dieu ».

14ème semaine

Lundi

Pendant que Jésus parlait, un chef de synagogue s'approcha, il se prosternait devant lui en disant : 'Ma fille est morte à l'instant ; mais vient lui imposer la main, et elle vivra.' Jésus se leva et se mit à le suivre, avec ses disciples...
Jésus entra dans la maison du chef et il dit, en voyant les joueurs de flûte et la foule en rumeur : 'Ecartez-vous, car la fillette n'est pas morte : elle dort.' Mais on se moquait de lui. Lorsqu'on

eut fait sortir la foule, il entra, prit la main de la fillette, et celle-ci se leva.

La nouvelle de l'événement se répandit dans toute la région. Matthieu 9,18-26.

On se moquait de lui.

On se moque…
de celui qui est différent ;
de celui qui est étranger ;
de celui qui parle autrement ;
de celui qui vit d'une autre manière ;
de celui dont l'apparence est différente ;
de celui qui dit des paroles autres ;
de celui qui a des idées hors du commun ;
de celui qui… par rapport à nous.

Nous nous considérons comme la référence par rapport aux autres.
Nous avons une haute estime de nous-mêmes.
Nous jugeons à partir de notre point de vue.

Et si nous regardions l'autre…
avec un a priori favorable ;
avec un regard de bonté ;
avec une recherche du bien ;
avec un esprit d'ouverture ;
avec un geste d'accueil ;
avec une parole d'encouragement ;
avec un effort de compréhension…
pour que la rencontre soit facilitée, respectueuse, enrichissante.

Et un sourire…
qui détruit toutes les frontières ;
qui renverse tous les murs ;
qui réchauffe tous les cœurs.

Jésus est porteur de vie, de guérison, de joie, de bonheur.
Et ils se moquaient de lui. Matthieu 9,24.

Alors ils lui crachèrent au visage et lui donnèrent des coups ; d'autres le giflèrent. Matthieu 26,67.
Ils se moquèrent de lui en disant : 'Salut, roi des Juifs !' Matthieu 27,29b.
Les passants l'insultaient, hochant la tête et disant : 'Toi qui détruis le sanctuaire et le rebâtis en trois jours, sauve-toi toi-même, si tu es le Fils de Dieu, et descends de la croix !' De même, avec les scribes et les anciens, les grands prêtres se moquaient : 'Il en a sauvé d'autres et il ne peut se sauver lui-même !...' Matthieu 27,39-42a.

Mardi

On amena à Jésus un homme muet, possédé du démon. Quand le démon fut chassé, le muet parla et les foules, saisies d'étonnement, disaient : 'On n'a jamais rien vu de pareil en Israël !'... Matthieu 9,32-38.
Il était muet. Il ne pouvait parler. Ses paroles étaient retenues prisonnières. Ses idées étaient emmurées. Le monde lui était fermé. Il devait tout garder. Il ne pouvait communiquer. Il regardait le monde comme un étranger au monde. Il ne participait pas à la vie du monde. A sa construction. A ses progrès. A ses réalisations. Son espace à lui était étriqué, réduit aux dimensions d'une cellule. Il était prisonnier. Il était muet !
Alors Jésus détruit les barreaux de sa prison. Il ouvre toute grande la porte. Il ouvre toutes grandes les fenêtres. Il le tire dehors. Il le prend par la main. Il le ramène dans le monde. A la vie du monde.
Et il parle. Il s'exprime. Il dit sa joie et sa souffrance. Ses peurs et ses espérances. Il donne. Il se donne. Il dit la parole qui rassure. La parole qui relève. La parole qui encourage. La parole qui apaise. La parole qui rend fort.
La parole de louange aussi.
La louange de Dieu.

Sommes-nous des muets guéris ?

<ins>Mercredi</ins>

Jésus appela ses douze disciples, et il leur donna pouvoir sur les esprits mauvais afin de les chasser, de guérir toute maladie et toute infirmité...
Ces douze, Jésus les envoya, avec les recommandations suivantes : 'Ne prenez pas la route des païens et n'entrez pas dans une ville de Samaritains. Allez plutôt vers les brebis d'Israël. Chemin faisant, proclamez que le Royaume des cieux est là.' Matthieu 10,1-7.

Royaume des cieux. Royaume de Dieu. Règne de Dieu. Le Royaume de Dieu ? Un rêve ? Une utopie ? Le produit de notre imagination ? La projection de nos désirs d'un monde d'amour, de justice et de paix ?
Le Royaume de Dieu est la concrétisation de l'action de Dieu. C'est Dieu en action. Un monde spirituel, mais aussi une société transformée par notre vie en Dieu. A cause de Dieu. Un monde dans lequel Dieu et l'homme sont en constante relation. Avec la volonté de faire cause commune. Avec un projet commun. Avec une victoire commune sur le mal, sur l'injustice, sur tout ce qui déshumanise l'homme. L'homme et Dieu. Dieu et l'homme. Associés. Partenaires. Complices. Dans la construction d'un monde où le bonheur est accessible par tous. Sans conditions. Sans privilèges. Sans mérites. Un amour fou à partager, à semer, à faire grandir. Ce Royaume-là est né. Il est présent. Il est en construction. Vous ne le voyez pas ? Il est présent en vous. Nous sommes le lieu où Dieu agit, où Dieu construit son Royaume. En nous. Avec nous. Il suscite notre volonté à aimer. Notre détermination à pardonner. Notre désir de justice.

Chaque matin que Dieu nous donne à vivre, nous avons un sac plein de graines d'amour à semer, des graines d'espérance à partager, des graines de pardon à donner. Avec dans le cœur une flamme, un enthousiasme, une dynamique qui renverse tous les obstacles de la morosité quotidienne.

Ce Royaume-là, il appartient à Dieu. Il appartient aussi aux hommes.

Jeudi

Jésus recommandait aux douze Apôtres : 'Chemin faisant, proclamez que le Royaume des cieux est là. Guérissez les malades, ressuscitez les morts, purifiez les lépreux, chassez les démons. Vous avez reçu gratuitement, donnez gratuitement... Matthieu 10,7-15.

Le Royaume des cieux est là. Voilà une bonne nouvelle.

Dieu n'est pas lointain, il est proche, il est là, il est à portée de cœur. Le lieu de Dieu est l'homme. Plus qu'une relation. Une présence. Constante. Continue. Permanente. Agissante. Performante.

Alors si Dieu est présent, bien sûr que les malades sont guéris, que les morts ressuscitent, que les lépreux sont purifiés, que les démons sont chassés.

Un monde nouveau est né. L'homme n'est plus anéanti par la maladie, il la combat. L'homme n'est plus perdu dans la mort, il la traverse. L'homme n'est plus exclu de la société, il est adopté comme un fils. L'homme n'est plus victime du mal, il le pourchasse.

Voulons-nous de ce Royaume ?

Vendredi

Jésus disait aux douze Apôtres : 'Voici que je vous envoie comme des brebis au milieu des loups ; soyez donc astucieux comme les serpents et candides comme les colombes...' Matthieu 10,16-23.

Certains disent que les Chrétiens sont naïfs ! Naïfs de croire à l'amour. Naïfs de mettre leur confiance dans un homme crucifié. Naïfs de croire en un Dieu de tendresse.

Parce que nous considérons...
que seule la richesse procure le bonheur ;

que seule la violence règle les conflits ;
que seul l'argent permet l'amitié ;
que seule l'autorité installe la sécurité ;
que seule la puissance impose la paix ;
que seules les armes permettent la cohabitation ;
que seule la haine protège la tranquillité…
    L'Evangile nous dit…
d'aimer son prochain, même son ennemi ;
de pardonner sans cesse ;
de prier Dieu comme un Père ;
de croire en une vie éternelle ;
d'être heureux pauvre, doux, pur, faiseur de paix, rejeté ;
de vivre dans la vérité…
                Vouloir le bonheur, est-ce de la naïveté ?

Samedi

Jésus disait aux douze Apôtres : 'Le disciple n'est pas au-dessus du maître, ni l'esclave au-dessus de son seigneur. Le disciple se contente de ressembler à son maître, et l'esclave à son seigneur…' Matthieu 10,24-33.
    Le maître…
rend la vie aux morts ;
met debout les paralysés ;
accueille les prostituées ;
réconcilie l'homme avec lui-même ;
nourrit ceux qui ont faim ;
guérit les malades ;
réintroduit les exclus dans la société ;
encourage les découragés ;
prend la défense des opprimés ;
trouve sa force dans la prière ;
libère les possédés ;
choisit la pauvreté ;

souffre de l'incompréhension ;
est condamné sans être coupable ;
meurt par la volonté des religieux ;
témoigne le bonheur et la tendresse de Dieu.
Et nous, ses disciples ?

15ème semaine

Lundi

Jésus disait à ses disciples : 'Ne croyez pas que je sois venu apporter la paix dans le monde : je ne suis pas venu apporter la paix, mais le tranchant du glaive...
Celui qui aime son père ou sa mère plus que moi n'est pas digne de moi ; celui qui aime son fils ou sa fille plus que moi n'est pas digne de moi ; celui qui ne prend pas sa croix et ne me suit pas n'est pas digne de moi ; celui qui veut trouver sa vie la perdra ; celui qui veut perdre sa vie à cause de moi la trouvera.' Matthieu 10,34-42.11,1.

Vivre sa vie.
Profiter de la vie.
Gagner sa vie.
Mener la grande vie.
Bien vivre.
Faire sa vie.
Les plaisirs de la vie...

Notre vie, nous n'en sommes pas les auteurs. Nous l'avons reçue gratuitement. Elle ne nous appartient pas. Elle nous est confiée comme on confie un héritage. Pour qu'à notre tour, nous la transmettions. Nous la donnions. Avec amour. Avec bonheur.

La vie, quelle sera sa durée ? Nous ne le savons pas. Nous ne la maîtrisons pas. Nous n'avons pas autorité sur elle. Nous n'en sommes que les gérants. Elle est entre nos mains. Ne la gaspillons pas. Ne l'abîmons pas.

La vie, c'est un trésor qui se renouvelle quand il est donné. Quand il est partagé. Donner la vie, c'est être riche de la vie. La vie vivifie celui qui la donne. On ne peut donner la vie que par amour, avec amour.

'Prenez, mangez, ceci est mon corps.' Matthieu 26,26. Corps brisé. Vie offerte. Pour qu'elle nous fasse vivre. Pour qu'elle donne le bonheur. Non un bonheur aux dimensions humaines, mais un bonheur aux dimensions de Dieu, c'est-à-dire éternel. (Il ne peut être qu'éternel, autrement, il ne serait pas de Dieu.)

Jésus lui dit : 'Je suis la Résurrection et la Vie : celui qui croit en moi, même s'il meurt, vivra ; et quiconque vit et croit en moi ne mourra jamais. Crois-tu cela ?' Jean 11,25-26.

Mardi

Jésus faisait ces reproches aux villes où avaient eu lieu la plupart de ses miracles, parce qu'elles ne s'étaient pas converties : 'Malheureuse es-tu, Korazine ! Malheureuse es-tu, Bethsaïde ! Car, si les miracles qui ont eu lieu chez vous avaient eu lieu à Tyr et à Sidon, ces villes se seraient déjà converties en faisant pénitence sous le sac et la cendre…' Matthieu 11,20-24.

Souffrir…
de constater l'incrédulité ;
de voir l'errance ;
d'entendre le mépris ;
de se heurter à l'opposition ;
de percevoir l'erreur ;
de découvrir la fermeture.
Et…
dialoguer patiemment ;
aimer inlassablement ;
espérer fermement ;
pardonner indéfiniment ;
prier assidûment ;

témoigner l'Evangile passionnément.

Souffrir de connaître la Bonne Nouvelle et ne pouvoir la partager.

Souffrir de croire au bonheur infini et ne pouvoir en parler.

Souffrir d'aimer les hommes et être rejeté. Alors prier…

'Père, fais-toi reconnaître comme Dieu, fais venir ton règne…'
Luc 11,2b.

<u>Mercredi</u>

En ce temps-là, Jésus prit la parole : 'Père, Seigneur du ciel et de la terre, je te loue : ce que tu as caché aux sages et aux savants, tu l'as révélé aux tout-petits. Oui, Père, tu l'as voulu ainsi dans ta bonté. Tout m'a été confié par mon Père ; personne ne connaît le Fils, sinon le Père, et personne ne connaît le Père, sinon le Fils, et celui à qui le Fils veut le révéler.' Matthieu 11,25-27.

Les tout-petits…

Ceux qui n'étalent pas leurs biens.

Ceux qui ne possèdent pas de richesses.

Ceux qui n'exposent pas leurs connaissances.

Ceux qui n'écrasent pas par leur autorité.

Ceux qui ne cassent pas avec mépris.

Ceux qui ne revendiquent pas des privilèges.

Ceux qui ne portent pas de signes distinctifs.

Ceux qui ne recherchent pas les honneurs…

Les tout-petits…

Ceux qui posent un regard de bonté.

Ceux qui usent de patience.

Ceux qui écoutent avec attention.

Ceux qui suggèrent plus qu'ils décident.

Ceux qui vivent discrètement.

Ceux qui respectent tous les hommes.

Ceux qui pratiquent la tolérance…

                    Ceux qui sont heureux ainsi…

'Heureux les pauvres de cœur...' Matthieu 5,3.

Jeudi

Jésus disait : 'Venez à moi, vous tous qui peinez sous le poids du fardeau, et moi, je vous procurerai du repos. Prenez sur vous mon joug, devenez mes disciples, car je suis doux et humble de cœur, et vous trouverez le repos. Oui, mon joug est facile à porter et mon fardeau léger.' Matthieu 11,28-30.

Nous trouvons du réconfort dans la prière. Dans la méditation.

Bien au-delà de l'apport psychologique de la paix intérieure, de la sérénité, la prière et la méditation rejoignent la réalité d'une présence vivante : Dieu. Présence vivante, mais aussi exigeante.

Dieu ne laisse pas le priant s'installer dans un confort douillet, mais il le met en action. Il le met en marche.

La prière est le lieu de Dieu et le lieu où nous percevons les appels des autres. Elle est le lieu de l'interaction avec Dieu et avec les autres. Elle est un mouvement « de » et « vers ». Elle nous met en action. Elle se concrétise dans l'action. Et notre action est « juste » si elle est inspirée, animée par Dieu dans la prière. Elle devient action de Dieu. Ainsi, nous pouvons aider au portage du fardeau des uns et des autres.

Un des résultats de la prière est donc l'efficacité du travail du priant. Son discernement. Son objectif. Sa motivation. Son organisation. Sa réalisation.

'Oui, mon joug est facile à porter et mon fardeau léger.' Matthieu 11,30.

Vendredi

En ce temps-là, Jésus marchait, le sabbat, à travers les champs de blé. Ses disciples eurent faim, ils se mirent à arracher des épis et à les manger.

Voyant cela, les pharisiens lui dirent : 'Tes disciples font ce qu'il n'est pas permis de faire le jour du sabbat.'... Matthieu 12,1-8.

Il faut...
souffrir pour mériter le ciel ;
faire sa pénitence pour être pardonné ;
vivre son purgatoire sur la terre ;
offrir un sacrifice ;
le rachat des péchés ;
être sauvé par ses souffrances...

Notre foi est influencée par le stoïcisme selon lequel le bonheur est dans la vertu, dans le mérite. Le résultat est subordonné à notre capacité d'être, notre force de caractère, notre volonté, notre résistance à la souffrance, notre volontarisme. Croyance autoritaire et dominatrice du surhomme. Domaine accessible par une élite.

Jésus nous dit que l'amour est l'unique loi, la seule issue pour l'humanisation des hommes.

L'amour édifie. Il construit. Il fait vivre. Il est joyeux. Il rend heureux. Il est vie. Il est bonheur.

Croire, c'est être amoureux de la vie.

Samedi

Jésus avait guéri un homme le jour du sabbat. Les pharisiens sortirent et tinrent conseil contre lui pour préparer sa perte. Le sachant, Jésus s'éloigna. Beaucoup le suivirent et il les guérit tous, mais il leur interdit de le faire connaître... Matthieu 12,14-21.

Il guérit... Ils préparent sa mort...

Jésus s'éloigne et poursuit sa mission.

Nous serions tentés de monter au front, de préparer nos armes, nos arguments, notre défense.

Jésus refuse l'affrontement. Sa mission est plus importante. Construire la paix est plus important que faire la guerre. Aimer est plus efficace que haïr. L'amour est plus performant que la haine.

Jésus continue à guérir. Parce que guérir, c'est permettre au malade de modifier sa vie, son état, sa condition, sa situation. Guéri, il devient acteur de guérison pour les autres. Il est le témoignage que le monde change. Que la bonté est une force. Que le pardon pacifie. Que de bien édifie. Que l'amour construit…

Nous avons besoin de guérison.

16ème semaine

Lundi

Quelques-uns des scribes et des pharisiens adressèrent la parole à Jésus : 'Maître, nous voudrions voir un signe venant de toi.'
Il leur répondit : 'Une génération mauvaise et infidèle réclame un signe ! Eh bien, il ne lui sera pas donné d'autre signe que celui du prophète Jonas…' Matthieu 12,38-42.

Les grands-parents pouvaient faire des prévisions météorologiques à partir de simples observations : l'orientation du coq du clocher de l'église, la hauteur du vol des hirondelles, la formation des nuages, le coucher du soleil, la brume matinale…

Leur foi en Dieu ne posait pas de problème. L'existence de Dieu évidente. Le bien récompensé. Le mal puni. La prière pour obtenir des grâces. La messe du dimanche obligatoire. Les plus récalcitrants étaient « repêchés » une fois par an en « faisant ses Pâques ». Et tous passaient par l'église pour les funérailles.

Aujourd'hui, nous voudrions des certitudes, des évidences, des réponses rationnelles sur Dieu, sur son existence, sur son action, sur sa proximité, sur sa bonté…

Toute la vie de Jésus est comme un parcours fléché qui nous conduit à Dieu : ses paroles, ses rencontres, sa souffrance, sa mort, son comportement, sa manière de vivre… Autant de signes qui disent Dieu.

Notre vie personnelle est semée de « petits cailloux blancs » qui, interprétés, signifient la présence de Dieu, l'action de Dieu. Nos évènements heureux ou malheureux, nos rencontres, nos lectures, nos conversations,... modifient notre regard, notre pensée, notre orientation, notre choix, notre décision.

Chaque fois que le bien a triomphé, que la vérité est avérée, que la beauté a surgi, nous pouvons y voir la présence de Dieu, la main de Dieu.

Chaque fois que l'homme devient plus humain. Chaque fois que l'humain s'humanise. Dieu est présent. Dieu rejoint l'homme dans le bien, le vrai, le beau. Nous avons accès à la bonté, à la vérité, à la beauté de Dieu.

Imparfaitement. Incomplètement. Provisoirement.

Dans l'attente du face à face éternel.

Béatitude !

Mardi

Tandis que Jésus parlait aux foules, sa mère et ses frères se tenaient au-dehors ; ils cherchaient à lui parler.

Quelqu'un lui dit : 'Ta mère et tes frères sont là, dehors ; ils cherchent à te parler.'

Jésus répondit à son interlocuteur : 'Qui est ma mère ? Qui sont mes frères ?' Il étendit la main vers ses disciples et ajouta : 'Voici ma mère et mes frères. Celui qui fait la volonté de mon Père qui est aux cieux, celui-là même est mon frère, ma sœur, ma mère.'
Matthieu 12,46-50.

La volonté de Dieu.

Ce n'est pas un caprice. Ce n'est pas ce qui lui rapporte. Ce n'est pas l'ordre d'un dictateur. Ce n'est pas un excès d'autorité. Ce n'est pas une recherche de puissance.

La volonté de Dieu.

Il suffit de regarder Jésus. La volonté de Dieu visible. La volonté de Dieu en action. La volonté de Dieu accomplie.

Jésus est l'homme …
totalement réalisé dans l'amour ;
complètement accompli dans sa manière de vivre ;
pleinement humain dans ses pensées, dans ses gestes, dans ses paroles ;
réalisant le bien dans tout ce qu'il fait ;
aimant tout homme, toute femme, sans jugement, sans a priori, sans mépris, sans exclusion ;
passionné du bonheur de l'homme, de la vie de l'homme, de l'humanité de l'homme ;
tellement transparent, tellement traversé par la présence de Dieu, par l'action de Dieu, par la vie de Dieu, qu'il appartient à Dieu ;
premier homme tel que Dieu nous désire : ressuscité, vivant, heureux.

Alors, ne considérons pas Dieu comme l'adversaire de l'homme, comme le rival de l'homme, comme le compétiteur de l'homme, comme le dominateur de l'homme…

Dieu marche sur la route des hommes. Au pas de l'homme. Pour le relever, pour l'éclairer, pour le nourrir, pour le secourir.

Parce que Dieu est amoureux de l'homme, fou d'amour, pour que l'homme vive, qu'il vive heureux, dans son amour, toujours.

Mercredi

Ce jour-là, Jésus était sorti de la maison et s'était assis au bord du lac. De grandes foules se rassemblèrent auprès de lui, c'est pourquoi il monta dans une barque et s'y assit, tandis que la foule se tenait sur le rivage. Et il leur enseignait beaucoup de choses en paraboles.

Il leur disait : 'Voilà que le semeur est sorti pour semer.

Comme il semait, des grains tombèrent au bord du chemin, et quand les oiseaux sont venus, ils les ont mangés.

D'autres tombèrent sur le sol pierreux où il n'y avait pas beaucoup de terre, et aussitôt ils levèrent, parce qu'ils n'avaient pas beaucoup de profondeur de terre, mais quand le soleil se fut levé, ils brûlèrent et, faute de racine, ils se desséchèrent.

D'autres tombèrent dans les épines ; les épines ont grandi et les ont étouffés.

D'autres enfin tombèrent sur de la bonne terre, et ils ont donné du fruit, tantôt cent, tantôt soixante, et tantôt trente.

Celui qui a des oreilles, qu'il entende !' Matthieu 13,1-9.

Le semeur est sorti pour semer.

Le semeur a une tâche à accomplir. Un travail à effectuer. Un projet à réaliser. Il crée la vie à partir de petites graines. Il féconde la vie. Il donne à la vie un berceau où elle va naître et grandir. Il protège la vie, parce qu'elle est fragile, vulnérable, sans défense. La graine fait confiance au sol qui la reçoit. Elle donne. Elle se donne.

Le semeur sème inlassablement. Abondamment. Sans restriction. Avec confiance. Tous les sols reçoivent la graine. Rocailleux. Sablonneux. Argileux. Epineux…

Il arrive que la graine soit écrasée, étouffée, picorée, asséchée…

Dieu est le semeur. Il sème la vie. Les hommes ont dressé la Croix.

La vie s'est relevée du tombeau.

<u>Jeudi</u>

Les disciples s'approchèrent de Jésus et lui dirent : 'Pourquoi leur parles-tu en paraboles ?'

Jésus répondit : 'Quant à vous, il vous a été donné de connaître les mystères du Royaume des cieux, mais à ces hommes-là cela n'a pas été donné. Car, celui qui possède, on lui donnera ; et celui qui ne possède pas, on lui enlèvera même ce qu'il possède…

Quant à vous, heureux vos yeux parce qu'ils voient, vos oreilles parce qu'elles entendent...' Matthieu 13,10-17.

Cette parole serait-elle toujours d'actualité ?

La quête spirituelle existe-t-elle encore ?

L'humanité est-elle uniquement matérialiste ?

Les questions de la vie sont communes à tous les hommes : la naissance, la mort, le bonheur, la souffrance, l'amour, la détresse, l'angoisse, l'espérance, l'au-delà, Dieu… Elles nous rattrapent à un certain moment de l'existence. Même si nous les nions. Même si nous voulons les éviter. Ces questions s'imposent à nous. Nous les balayons d'un revers de main ou bien nous nous laissons interpeler.

Nous sommes amenés à y réfléchir. Avec sincérité. Avec loyauté. Pour notre bien. Pour être plus. Pour notre bonheur. Pour plus de sérénité.

Sommes-nous destinés à (au)…
la course au pouvoir ;
l'obsession du confort ;
la fièvre de la possession ;
le mensonge de l'apparence ?

Nous contentons-nous d'un bonheur…
qui ne serait que plaisir ;
qui serait éphémère ;
qui serait fragile ;
qui serait inassouvi ;
qui serait insaisissable ?

Nous cherchons à l'extérieur ce que nous possédons à l'intérieur.
Nous sommes le lieu du bonheur. De la vie. De l'amour.
Le trésor que nous cherchons est en nous.
Le bonheur nous est donné. La vie nous est donnée.
Non pas aux dimensions humaines. Mais aux dimensions du divin.
Non pas à la capacité des hommes. Mais à la capacité de Dieu.
Cette dimension et cette capacité de vie et de bonheur sont en nous.
Chaque fois que nous prions ou méditons, nous rejoignons cet infini en nous.
Nous devenons meilleurs en présence d'un Dieu bon.
Nous retrouvons la joie en présence du bonheur de Dieu.
Nous découvrons l'espérance en présence d'un Dieu aimant.

« *Tard je t'ai aimée, Beauté si antique et si nouvelle, tard je t'ai aimée. Et pourtant tu étais dedans. C'est moi qui étais dehors où je* te cherchais en me ruant sans beauté vers ces beautés que tu as faites. Tu étais avec moi. C'est moi qui n'étais pas avec toi. Vivante sera désormais ma vie, toute pleine de toi... » SAINT AUGUSTIN, *Les confessions*, Garnier-Flammarion, Paris, 1964, p. 229-230.

<u>Vendredi</u>

Jésus disait à ses disciples : 'Quant à vous, écoutez ce que veut dire la parabole du semeur.
Chaque fois qu'un homme entend la Parole du Royaume et ne la comprend pas, le Mauvais survient, et il emporte ce qui a été semé dans son cœur : c'est celui qui a été semé au bord du chemin.
Celui qui a été semé sur le sol pierreux, c'est celui qui entend la Parole et aussitôt la reçoit avec joie ; mais il n'a pas de racine en lui-même, il est l'homme du moment ; lorsque survient une épreuve ou une persécution à cause de la Parole, aussitôt il tombe.
Celui qui a été semé dans les épines, c'est celui qui entend la Parole, mais le souci du monde et l'illusion de la richesse étouffent la Parole, qui ne peut porter de fruit.
Et celui qui a été semé sur la bonne terre, c'est celui qui entend la Parole et la comprend ; celui-là porte du fruit et produit tantôt cent, tantôt soixante, et tantôt trente.' Matthieu 13,18-23.

Il y a des paroles qu'on mémorise et dont on se souvient.

Il y a des paroles qui stimulent ou qui découragent.

Il y a des paroles de regrets, de mépris, de reproches, d'excuses.

Il y a des paroles d'amitié, d'amour, de tendresse, de haine, de violence, de destruction.

La parole n'est pas vide. Elle n'est pas neutre. Elle exprime une idée. Elle porte un message.

L'Evangile est la Parole. Elle dit Dieu. Elle révèle Dieu. Dieu parle. Dieu nous parle par l'Evangile.

Nous recevons la Parole ou nous la refusons. Si nous l'accueillons, elle nous interpelle. Elle produit une action. Elle est vivante, la Parole. Elle possède une force. Elle est efficace. Elle est performante.

Nous la recevons individuellement. Chacun selon ce qu'il est. Selon sa situation. Selon sa sensibilité. Selon les circonstances.

La Parole a du sens. Elle est signifiante. Elle parle d'amour, de pardon, d'espérance, de souffrance, de bonheur, de don de soi… Elle s'adresse à l'humain. Dans son avenir. Dans son devenir. Dans ses relations avec les hommes et avec Dieu.

La Parole nous éveille. Elle nous réveille. Elle nous sollicite. Elle nous met debout. Elle nous aide. Elle nous soutient. Elle nous accompagne. Elle nous conduit.

Entendons-nous la Parole ?

Elle parle dans le silence. Le silence rempli de Dieu.

Samedi

Jésus proposait cette parabole : 'Le Royaume des cieux est comparable à un homme qui a semé de la bonne semence dans son champ. Or, pendant que tout le monde dormait, son ennemi survint ; à son tour il sema de l'ivraie au milieu du blé et s'en alla.

Quand la tige poussa et produisit l'épi, c'est alors que l'ivraie aussi se montra.

Les serviteurs du maître de maison vinrent lui dire : 'Seigneur, n'est-ce pas de la bonne semence que tu as semée dans ton champ ? D'où vient donc qu'il y a de l'ivraie ?'

Le maître répondit : 'C'est un ennemi qui a fait cela. – Alors, veux-tu que nous allions la ramasser ? – Non, de peur qu'en ramassant l'ivraie vous arrachiez le blé en même temps. Laissez-les pousser ensemble jusqu'à la moisson ; et, au temps de la moisson, je dirai aux moissonneurs : ramassez d'abord l'ivraie, liez-la en bottes pour la brûler ; quant au blé, recueillez-le dans mon grenier.' Matthieu 13,24-30.

Le bien cohabite avec le mal.

Notre volonté de bien faire est freinée, déviée, détournée,

par ce qui nous retient,
par ce qui nous lie,
par ce qui fait obstacle,
par ce qui est propre à notre nature,
    à notre personnalité,
    à notre caractère,
    à nos limites.

Dieu n'est pas un dieu terroriste. Il n'arrache pas le mal. Il ne nous écartèle pas. Il ne nous divise pas. Il ne nous meurtrit pas.
Dieu espère. Il a confiance. Il donne du crédit. Il aime. Il tolère le mal en présence du bien. Dans l'espoir que le bien prenne le dessus. Que le mal soit étouffé. Que le bien puisse grandir.

Parce que Dieu ne voit que le bien.
Il ne pense que le bien.
Il ne veut que le bien...
    pour l'homme ;
    pour le bonheur de l'homme ;
    pour que l'homme lui ressemble ;
    pour que l'homme vive dans la bonté.

La bonté de Dieu.

Toujours.

17ème semaine

<u>Lundi</u>

Jésus proposait aux foules cette parabole : 'Le Royaume des cieux est semblable à une graine de moutarde qu'un homme prend et sème dans son champ. C'est la plus petite de toutes les semences ; mais, quand elle a poussé, elle dépasse les autres plantes du jardin, et elle devient un arbre si bien que les oiseaux du ciel font leurs nids dans ses branches.'

Il leur dit aune autre parabole : 'Le Royaume des cieux est semblable à du levain qu'une femme prend et enfouit dans quarante litres de farine jusqu'à ce que toute la pâte ait levé'

Jésus parlait ainsi aux foules en paraboles, et il ne leur parlait qu'en paraboles. Ainsi s'accomplissait la parole du prophète : J'ouvrirai la bouche pour enseigner en paraboles, je révélerai des choses cachées depuis la création. Matthieu 13,31-35.

Un kg de farine, 50 gr de levure, 1 cuillerée à café de sel, ½ litre d'eau, 1 cuillerée de sucre. Versez la levure délayée dans l'eau tiède et le sucre dans le creux formé au milieu de la farine. Saupoudrez le sel sur les bords extérieurs, non en contact avec la levure. Mélangez et versez petit à petit le liquide. Pétrissez la pâte jusqu'à ce qu'elle devienne résistante. Ajoutez la farine jusqu'à ce que la pâte ne colle plus aux doigts. Faites monter la pâte jusqu'au double de son volume. Temps de cuisson : 1 heure à 225°C. (Recette de la fabrication du pain.)

Prenez le milieu dans lequel vous vivez. Mêlez-vous aux gens de toute condition. Vivez la bonté de Dieu, petitement, courageusement, humblement, avec persévérance.

Soyez patient. Ce n'est pas votre œuvre, c'est celle de Dieu. La durée d'une vie est parfois nécessaire pour voir les choses bouger. La communauté se créer. La fraternité s'établir. Elle peut naître de façon imprévue au moment d'une épreuve ou d'un événement important.

Remerciez Dieu de vous accorder de voir l'amour exprimé, l'amitié partagée, le dialogue établi, la réconciliation conclue.

Le Royaume de Dieu est né.
Il est présent.
Il est en marche.

<u>Mardi</u>

Après avoir parlé en paraboles, Jésus quitta les foules et vint à la maison. Les disciples s'approchèrent et lui dirent : 'Explique-nous clairement la parabole de l'ivraie dans le champ.'

Il leur répondit : 'Celui qui sème la bonne semence, c'est le Fils de l'homme. Le champ, c'est le monde. La bonne semence, ce sont les fils du Royaume. L'ivraie, ce sont les fils du Mauvais. L'ennemi qui l'a semée, c'est le diable. La moisson, c'est la fin des temps. Les moissonneurs, ce sont les anges. Donc, de même qu'on ramasse l'ivraie et qu'on la jette au feu, ainsi en sera-t-il à la fin des temps : le Fils de l'homme enverra ses anges et ils ramasseront dans son royaume toutes les causes de chute et ceux qui font le mal, et ils les jetteront dans la fournaise de feu où il y aura des pleurs et des grincements de dents. Alors les justes brilleront comme le soleil dans le Royaume de leur père. Celui qui a des oreilles, qu'il entende !' Matthieu 13,36-43.

Anges ou démons ?

Ils disent toute la gravité du péché de l'homme. Que le péché doit être puni s'il n'est pas pardonné. Ils parlent de lieux de souffrance : l'enfer, le purgatoire...

L'homme est un être en construction, inachevé, en marche. Avec des ratés. Avec des erreurs. Avec des omissions. Avec des manquements.

L'enfant qui tombe n'offense pas ses parents. Il met en action leur amour pour relever, pour encourager, pour rendre confiance. Le bébé n'est pas identifié au nombre de chutes. Il est bien plus que son manque d'équilibre. L'amour des parents est constant et se manifeste particulièrement lors de ces échecs.

Au lieu de parler de péché, d'offense, il serait préférable de constater que la cible est ratée, l'objectif non atteint, l'apprentissage à poursuivre.

Dieu est l'éducateur de l'homme. Il répète inlassablement que l'amour est le seul critère de son développement, le seul matériau de son édification.

Un enfant n'évolue bien que s'il est aimé avec tendresse. Dieu pratique la même pédagogie. Il aime, il pardonne bien avant la chute. La faute cause un dommage à l'homme, pas à Dieu. Elle fait régresser l'humain. Elle ralentit sa pleine humanisation.

Dieu ne regarde pas le mal, il regarde l'homme dans son devenir, dans sa construction. Condamner l'homme, c'est manquer de confiance, c'est manquer de foi, c'est manquer d'espérance, c'est l'enfermer dans ce qui le déshumanise. Or, le projet de Dieu est la complète réalisation de l'homme dans son amour, dans sa bonté.

Nous ne croyons pas en la bonté de Dieu,
si nous ne croyons pas en la bonté de l'homme.
Tel est le créateur, telle sera sa créature.

<u>Mercredi</u>

Jésus disait les paraboles que voici : 'Le Royaume des cieux est semblable un trésor enfoui dans un champ ; l'homme qui l'a découvert l'enfouit de nouveau. Dans sa joie, il s'en va vendre tout ce qu'il possède et il achète ce champ.'

Ou encore : 'Le Royaume des cieux est semblable à un marchand qui recherche des perles fines ; ayant trouvé une perle de grande valeur, il alla vendre tout ce qu'il possédait, et il l'acheta.' Matthieu 13,44-46.

Tiercé, Lotto, Loterie, Euro million…

« Trésor », et nous pensons argent, fortune, achat de biens divers : maison, maison plus grande, piscine, voiture de luxe, voyages lointains…

Une femme serre son bébé contre sa poitrine : « Mon trésor ! »

Un homme embrasse une femme : « Tu es tout pour moi. »

Dieu regarde l'homme : « Je t'aime à jamais. »

Le vrai trésor est intérieur. La joie scintille. L'amour répand sa chaleur. Le pardon lisse les aspérités. Le silence est son gardien. La paix le fait vivre.

L'homme est le trésor de Dieu. Il est son œuvre. Il est tout pour lui.

Dieu donne à l'homme son souffle pour qu'il continue à se créer, à s'édifier, à se grandir, à se réaliser.

L'homme intérieur est le lieu où Dieu se sent bien. Un lieu qu'il connaît puisque c'est là qu'habite la bonté. Ce lieu est indestructible. Il traverse les épreuves. Il reste présent. Il survit au-delà de la mort. Dans la plénitude.

Jeudi

Jésus disait cette parabole : 'Le Royaume des cieux est semblable à un filet qu'on a jeté dans la mer et qui a ramené toutes sortes de choses. Lorsqu'il a été rempli, les pêcheurs l'ont tiré sur le rivage et se sont assis ; ils ont ramassé dans des récipients ce qui était bon ; et ce qui ne valait rien, ils l'ont jeté.

Ainsi en sera-t-il à la fin des temps : les anges viendront pour séparer les méchants du milieu des justes, et ils les jetteront dans la fournaise de feu où il y aura des pleurs et des grincements de dents... Matthieu 13,47-53.

Nous jetons nos filets sur les idées, sur les jugements, sur les informations, sur les déclarations, sur les théories, sur les discours...
Nous jetons nos filets sur les objets, sur le confort, sur le bien-être, sur l'agent, sur le luxe, sur le rêve...
Nous jetons nos filets sur les personnes, sur les collègues, sur les subordonnés, sur les voisins, sur les pauvres...
Nous prenons. Nous saisissons. Nous utilisons. Nous nous accaparons. Nous dominons. Nous profitons. Nous possédons.
Nous éliminons. Nous rejetons. Nous usons. Nous épuisons. Nous consommons. Nous détruisons.
Que reste-t-il ?
Tirons notre filet sur le sable. Asseyons-nous sur le rivage de notre vie. Ouvrons le livre de notre être. Tournons les pages de nos pensées, de nos actions, de nos désirs, de nos besoins. Trions...
le provisoire et l'éternel ;
la fragilité et le solide ;
l'accessoire et l'essentiel ;
le diviseur et le rassembleur ;

le moribond et le vivant ;
le mensonge et la vérité ;
la domination et l'amour ;
la haine et la paix ;
…

Conservons ce qui fait vivre. Ce qui donne la joie. Ce qui nous maintient debout. Ce qui crée le bonheur.
C'est là que Dieu est présent. Là où Dieu demeure.
Présence continue. Constante. Fiable. Loyale. Confiante. Sûre.
Bonté éternelle. Amour éternel. Tendresse éternelle.
Dans l'homme. En tout homme.

<u>Vendredi</u>

Jésus était venu dans son pays, et il enseignait dans leurs synagogues, si bien qu'ils étaient frappés d'étonnement et disaient : 'D'où lui vient cette sagesse, et ces miracles ? N'est-ce pas le fils du charpentier, sa mère ne s'appelle-t-elle pas Marie, et ses frères, Jacques, Simon et Jude ? Ses sœurs ne sont-elles pas toutes chez nous ? D'où lui vient donc tout cela ?' Et il était pour eux un scandale.
Jésus leur dit : 'Un prophète n'est méprisé que dans son pays et dans sa propre maison.'
Et il ne fit pas là beaucoup de miracles, à cause de leur manque de foi. Matthieu 13,54-58.

Nous avons le souci de notre apparence. Nous changeons notre look. Nous teignons nos cheveux. Nous faisons des liftings. Nous changeons notre garde-robe.
Qui sommes-nous ?
Sommes-nous celui ou celle à l'allure sportive, alors que nous ne pratiquons aucun sport ?
Sommes-nous celui ou celle qui paraît dix ans de moins ?
Sommes-nous celui ou celle qui brille en société en racontant les dernières rumeurs ?

Nous ne sommes pas ainsi. Nous ne sommes pas cela. Nous sommes bien plus que ce que nous laissons paraître. Derrière le maquillage ou le vêtement à la mode, il y a un être avec un besoin d'amour, un besoin de reconnaissance, un besoin de rencontre, un besoin de compréhension. Il y a un homme, une femme avec un désir de vivre vrai, d'être aimé(e) vraiment, d'être reconnu(e) en vérité.

La crainte du regard de l'autre, la peur du jugement de l'autre, l'appréhension du rejet, l'angoisse de la solitude déterminent notre volonté de plaire, de correspondre au souhait de l'autre et nous empêchent d'être vrais, d'être ce que nous sommes en vérité.

La non-reconnaissance de Jésus commence à Nazareth, dans son village natal. Cette non-reconnaissance le conduira à la mort.

Jésus ne suit pas le chemin de la complaisance. Il marche dans la vérité, dans l'intégrité, dans la fidélité, dans la loyauté. Sans compromissions. Sans négociations. Sans arrangements. Sans accommodements.

Dans la vérité de Dieu.

<u>Samedi</u>

En ce temps-là, Hérode le prince de Galilée entendit parler de Jésus, et il dit à ses serviteurs : 'C'est Jean le Baptiste ! C'est lui qui est ressuscité des morts : voilà pourquoi il fait des miracles.'

En effet, Hérode avait fait arrêter Jean et l'avait mis en prison, à cause d'Hérodiade, la femme de Philippe son frère, car Jean lui disait : 'Tu n'as pas le droit de la prendre.'

Hérode voulait le faire mourir, mais il craignait la foule parce qu'on le tenait pour un prophète.

Lorsqu'arriva l'anniversaire d'Hérode, la fille d'Hérodiade dansa en public et elle plut tellement à Hérode qu'il lui promit avec serment de lui donner tout ce qu'elle demanderait. Poussée par sa mère, elle dit à Hérode : 'Donne-moi, ici, sur un plat, la tête de Jean Baptiste.' Le roi fut attristé, mais à cause des serments faits devant les convives, il ordonna de la lui donner, et il envoya décapiter Jean dans sa prison. Sa tête fut apportée sur un plat et donnée à la jeune fille, qui la porta à sa mère. Les disciples de Jean arrivèrent, ils emportèrent le corps pour l'ensevelir, et ils allèrent en informer Jésus. Matthieu 14,1-12.

Le prophète a dit la vérité, il a été exécuté.

La vérité n'est pas toujours bonne à dire. Ou plutôt, nous avons peur des conséquences de sa déclaration. Alors, il faut mettre des gants. Il faut être diplomate. Connaître les enjeux. Savoir à qui le mensonge profite.

La vérité s'exprime non seulement par la parole, mais aussi par le geste, par l'action, par notre être tout entier.

Osons-nous aller dans le sens inverse de celui de la majorité ?
Osons-nous parler à l'encontre de l'opinion publique ?
Osons-nous défendre la justice ?
Osons-nous prendre le parti des pauvres, des immigrés, des chômeurs, des faibles ?
Osons-nous reconnaître nos erreurs, même si cela fait souffrir ?
Osons-nous prendre position au risque de tout perdre ?

La vérité est bonne à dire.
Elle nous conforte dans nos idées, dans nos pensées.
Elle nous réconforte dans l'épreuve.
Elle nous réconcilie avec nous-mêmes.
Elle procure la paix.
Elle permet de construire solidement, durablement.
Elle répond à notre loyauté, à notre fidélité.
Elle entraîne d'autres personnes dans son sillage.
Elle nous fait grandir en humanité.

Jean le Baptiste, Jésus, et tous les prophètes de tous les temps ont osé dire la vérité au péril de leur vie.

Et nous ?

18ème semaine

<u>Lundi</u>

Lorsque Jésus apprit la mort de Jean Baptiste, il s'éloigna en barque pour se retirer dans un lieu désert, à l'écart. Mais les foules s'en aperçurent et le suivirent à pied en s'éloignant des villes. Lorsqu'il débarqua, il vit une grande foule, il en eut pitié et il guérit leurs malades.

Le soir venu les disciples s'approchèrent pour lui dire : 'L'endroit est désert et déjà l'heure est avancée ; renvoie donc les foules, pour qu'ils aillent dans les villages acheter des aliments.' Jésus leur dit : 'Ils n'ont pas besoin d'y aller : donnez-leur vous-mêmes à manger.' Ils lui répondirent : 'Nous n'avons ici que cinq pains et deux poissons. – Apportez-les-moi ici.'

Après avoir donné l'ordre de faire asseoir la foule sur l'herbe, il prit les cinq pains et les deux poissons ; et, levant les yeux au ciel, il les bénit ; et après les avoir rompus, il donna les pains aux disciples, et les disciples les donnèrent aux foules, et l'on ramassa les morceaux qui restaient : cela remplit douze paniers.

Ceux qui avaient mangé étaient environ cinq mille, sans compter les femmes et les enfants. Matthieu 14,13-21.

Jésus rompt les pains.

Jésus casse le pain entre ses mains. Pour que chacun reçoive un morceau. Une partie de l'unité. Les morceaux rassemblés recomposeraient le pain. Chaque convive fait partie d'un tout, comme les morceaux forment le pain.

Les morceaux sont inégaux en dimensions. Ils n'ont pas le même poids. Mais ensemble, ils font l'unité. Nous sommes disparates, mais chacun, nous avons notre place pour reconstituer l'unité.

Rompre le pain…
ce n'est pas jouer le rôle d'un distributeur automatique d'hosties blanches de forme circulaire, toutes égales en forme et en poids ;
ce n'est pas faire la file comme dans un self-service ;
ce n'est pas porter l'hostie à la bouche, tout en marchant pour éviter de perdre du temps.

Rompre le pain, c'est un signe d'unité de tous les convives. Mais, comment faire l'unité en regardant le dos de son voisin ? Etre unis, c'est regarder le visage de l'autre. C'est exprimer par le regard l'accueil de l'autre. La main tendue vers l'autre.

Rompre le pain, c'est faire communauté. Communauté visible. Vivante. Aimante. Là où nous sommes. Là où nous vivons. Dans la pleine acceptation de l'autre. Dans le respect de l'autre. Afin que quiconque voie la présence de Dieu. L'amour de Dieu. La tendresse de Dieu.

Rompre le pain n'est pas un geste banal.
C'est le geste-même de Dieu.
Pour faire communauté en son nom.

Mardi

Après avoir multiplié les pains, Jésus obligea aussitôt les disciples à monter dans la barque et à le précéder sur l'autre rive tandis qu'il renverrait les foules. Lorsqu'il les eut renvoyées, il monta dans la montagne, à l'écart, pour prier. Le soir venu, il était seul à cet endroit. La barque était au milieu du lac, battue par les vagues, car le vent était contraire. Vers la fin de la nuit, Jésus vint vers eux en marchant sur le lac.

En le voyant marcher sur le lac, ils furent bouleversés ; ils disaient : 'C'est un fantôme !' et ils poussaient des cris de frayeur. Mais aussitôt il leur parla : 'Confiance ! c'est moi, ne soyez pas effrayés.'

Pierre prit alors la parole : 'Seigneur, si c'est toi, ordonne-moi d'aller vers toi sur l'eau.' Jésus lui dit : 'Viens.' Pierre descendit de la barque et marcha sur les eaux pour aller vers Jésus. Mais, en voyant la violence du vent, il fut effrayé et, comme il commençait à enfoncer, il cria : 'Seigneur, sauve-moi !' Aussitôt, Jésus étendit la main, le saisit et lui dit : 'Homme de peu de foi, pourquoi as-tu douté ?'

Lorsque tous deux furent montés dans la barque, le vent s'apaisa. Alors ceux qui étaient dans la barque se prosternèrent devant lui en disant : 'Vraiment, tu es fils de Dieu !'... Matthieu 14,22-36.

Un fantôme est un être imaginaire. Un être produit par notre imagination.

De tout temps, on s'est fait une idée de Dieu. Avec des superlatifs de puissance, de beauté, d'autorité, de force, de domination...

Tantôt...

Dieu cruel. Dieu vengeur. Dieu dictateur. Dieu inquisiteur. Dieu guerrier...

Toujours...

Dieu inaccessible. Dieu indifférent. Dieu jaloux. Dieu possesseur. Dieu orgueilleux...

Le Dieu de Jésus de Nazareth...

est amour, tendresse, respect, considération, délicatesse, sollicitude, complaisance ;

est attentif à l'homme, à sa vie, à sa création, à son bonheur ;

met sa joie dans l'homme, dans sa construction, dans son édification, dans sa réalisation ;

valorise tout le bien de l'homme, sa bonté, son désir de s'accomplir dans le bien, dans le vrai, dans le beau ;

accueille tout homme, tous les hommes, les laissés-pour-compte, les rejetés, les condamnés, les exclus.

Tous, sans exception, nous pouvons entrer en relation avec Dieu. Bénéficier de la présence de Dieu. Vivre l'intimité de Dieu. Sans aucune obligation. Sans contrepartie. Sans paiement d'aucune façon. En toute liberté. Selon notre désir. Selon nos limites. Selon nos capacités.

Une seule chose est demandée :

oublier tous nos fantômes de Dieu ; oublier l'imaginaire de Dieu ; vivre la présence réelle de Dieu ; en soi et dans les autres.

Mercredi

Jésus s'était retiré vers la région de Tyr et de Sidon. Voilà qu'une femme cananéenne, sortie de ces contrées, criait : 'Prends pitié de moi, Seigneur, fils de David ! Ma fille est durement traitée par un démon !'

Mais il ne lui répondit pas un mot. Les disciples s'approchèrent et lui demandaient : 'Fais-lui grâce, car elle nous poursuit de ses cris.'

Jésus répondit : 'Je n'ai été envoyé qu'aux brebis perdues d'Israël.'

Mais elle vint se prosterner devant lui en disant : 'Seigneur, viens à mon secours !' Il répliqua : 'Ce n'est pas bien de prendre le pain des enfants pour le jeter aux petits chiens.' Mais elle dit : 'Bien sûr, Seigneur, mais les petits chiens mangent les miettes qui tombent de la table de leurs maîtres.' Alors Jésus reprit : 'Femme, ta foi est grande ! Que tout se passe pour toi comme tu le veux.' Et sa fille fut guérie à partir de cette heure-là. Matthieu 15,21-28.

La foi n'est pas dans l'arrogance, dans l'orgueil, dans l'ambition, dans l'affirmation, dans l'infaillibilité, dans l'autorité, dans le pouvoir, dans la déclaration.

La foi est dans la pauvreté, dans l'humilité, dans la recherche, dans le cheminement, dans le dialogue, dans la prière, dans la petitesse.

La foi est semblable à cette petite fille frêle, fragile, harcelée par le mal, par la maladie, par toutes sortes de démons.

La foi est cette femme reconnue sans foi, celle qu'on désigne comme païenne parce que sans religion.

La foi est cette mère qui met toute sa confiance en Jésus. Celle qui sait que Dieu ne peut être qu'amour, tendresse, pitié, guérison. Celle qui ose parce que certaine d'être écoutée. Celle qui parle parce que certaine d'être entendue. Celle qui insiste parce que certaine d'être exaucée.

'Femme, ta foi est grande !

Que tout se passe pour toi comme tu le veux.'

Jeudi

Jésus était venu dans la région de Césarée-de-Philippe, et il demanda à ses disciples : 'Le Fils de l'homme, qui est-il, d'après ce que disent les hommes ?' Ils répondirent : 'Pour les uns, il est Jean Baptiste ; pour d'autres Elie ; pour d'autres encore, Jérémie ou l'un des prophètes.'
Jésus leur dit : 'Et vous, que dites-vous ? Pour vous, qui suis-je ?'
Prenant la parole, Simon-Pierre déclara : 'Tu es le Messie, le Fils du Dieu vivant !'... Matthieu 16,13-23.

Certains disent que la foi est transmise par les générations qui nous précèdent.
Certains pensent que la foi de l'adolescence suffit.

'Le Fils de l'homme, qui est-il ?'

Nous croyons, et peut-être que cette question nous embarrasse ?
Nous croyons, et peut-être avons-nous oublié le pourquoi et le comment ?
Nous croyons, et peut-être que nous nous limitons juste à ce qui est demandé ?
Nous croyons, et peut-être que notre foi se résume à ce qui nous a été enseigné ?

Jésus insiste : *'Pour vous, qui suis-je ?'*

Nous avons envie de répondre une formule toute prête : « Jésus, Messie, Christ, Fils de Dieu, Sauveur... » Est-ce la réponse attendue par Jésus ? Est-ce que cette réponse nous aide à vivre, donne sens à notre vie, nous permet de traverser les difficultés, les deuils, les maladies ? Est-ce que cette réponse nous donne du bonheur ?

La foi est relation d'une personne à une autre personne. Elle est confiance donnée à quelqu'un d'autre. Elle est joie partagée.

La foi a un préalable. Elle s'établit après une connaissance de l'autre. Elle nécessite une recherche.

Elle se construit…
par des arguments ;
par des constatations ;
par des expériences ;
par des partages ;
par des lectures ;
par des témoignages…
Elle se nourrit…
par la prière ;
par la méditation ;
par l'Evangile…

La foi est en continuelle évolution. En continuelle progression. En continuelle élaboration. Avec des périodes de désert. Des moments d'exaltation. Des nuits de doute. Elle a ses échecs. Ses déceptions. Ses combats.

La foi, c'est toujours reprendre la route, vaillamment, courageusement, dans le clair-obscur de nos vies. Peut-être est-ce dans ces moments-là, qu'on commence à croire.

Vendredi

Jésus, ayant annoncé aux disciples sa Passion et sa résurrection, leur dit : 'Si quelqu'un veut venir à ma suite, qu'il renonce à lui-même, qu'il prenne sa croix et qu'il me suive.

Car celui qui veut sauver sa vie la perdra, mais celui qui perd sa vie à cause de moi l'assurera. Quel avantage en effet un homme aura-t-il à gagner le monde entier, s'il le paye de sa vie ; ou que donnera-t-il qui ait la valeur de sa vie ?...' Matthieu 16,24-28.

« Je n'ai pas peur de mourir, mais j'ai peur de souffrir. »

La souffrance, on la cache. On la tait. On l'atténue. On la supprime.

Elle est lancinante. Aiguë. Latente. Endormie. Violente. Insupportable.

Elle nous fatigue. Elle nous décourage. Elle nous épuise.

Il faut en faire l'expérience pour être capable d'en parler.
Il faut la vivre pour en connaître la profondeur.
Porter sa croix, ce n'est pas...
être aigri ;
être jaloux ;
être coléreux ;
être révolté ;
être insupportable ;
être inabordable ;
être accusateur...
Porter sa croix, c'est...
être debout ;
être conscient ;
acquiescer ;
maîtriser ;
accepter ;
l'utiliser ;
se ressourcer ;
prier...
Nous avons notre propre croix à porter. Légère ou lourde. Elle s'impose à nous. On ne l'invente pas. On ne la choisit pas. La route du disciple est un chemin de croix. Jésus nous précède. Il est notre « Simon de Cyrène ».

Samedi

Comme Jésus et ses disciples allaient vers la foule, un homme s'approcha de lui et dit, en fléchissant le genou : 'Seigneur, aie pitié de mon fils, il est épileptique et son état est bien misérable, car il tombe souvent dans le feu et souvent dans l'eau. Je l'ai amené à tes disciples, mais ils n'ont pas pu le guérir.'
Jésus prit alors la parole : 'Générations incrédules et pervertie, combien de temps devrai-je rester parmi vous ? combien de temps

devrai-je vous supporter ? Amenez-le-moi ici.' Alors Jésus le menaça, le démon le quitta et l'enfant fut guéri à l'heure même.

Les disciples s'approchèrent de Jésus en particulier et lui dirent : 'Pourquoi n'avons-nous pas été capables de le chasser ?' Il leur répondit : 'A cause de votre manque de foi. Vraiment, je vous le dis : si vous avez la foi gros comme une graine de moutarde, vous direz à cette montagne : Va-t'en d'ici là-bas ! Et elle s'en ira, et rien ne vous sera impossible.' Matthieu 17,14-20.

« **La foi transporte les montagnes.** »

Mais quelle est notre foi ?

Nous accordons notre foi aux horoscopes, au tarot, à la parapsychologie, à la voyance, aux médiums, aux prédictions, à l'astrologie, au spiritisme, …

Nous avons foi en Dieu, en Jésus, en l'Esprit Saint.

Jusqu'où croyons-nous ? Notre foi est-elle entière ? Est-elle sans retenues ? Sans calculs ? Sans hésitations ? Est-elle définitive ? Notre confiance en Dieu est-elle totale ?

Nous avons besoin de confirmer notre foi en Dieu en lui redisant notre attachement, notre amour, notre confiance. Nous avons besoin de nous tourner vers lui, chaque matin. Nous avons besoin de sa présence lorsque les difficultés se présentent. Lorsque le doute tente une incursion. Lorsque le découragement nous guette. Lorsqu'une décision importante doit être prise.

La foi n'est jamais acquise. La foi se nourrit de la prière. Une prière vraie, sincère, personnelle. La foi s'installe dans le silence de la présence de Dieu, en nous. Dans un tête-à-tête silencieux avec Dieu. Dans une écoute intense. Dans la lecture méditative de l'Evangile. Un verset, une parole de Jésus peut orienter notre journée. Donner sens à nos activités. Apporter la sérénité et la paix.

'Voici, je me tiens à la porte et je frappe. Si quelqu'un entend ma voix et ouvre la porte, j'entrerai chez lui et je prendrai le repas avec lui et lui avec moi.' Apocalypse 3,20.

19ème semaine

Lundi

Comme les disciples se trouvaient réunis en Galilée, Jésus leur dit : 'Le Fils de l'homme va être livré aux mains des hommes, ils le tueront, et le troisième jour il ressuscitera.' Ils en furent profondément attristés... Matthieu 17,22-27.

Le Père Damien (1840-1889) savait qu'en vivant parmi les lépreux, il s'exposait au bacille de la lèpre.

Martin Luther King (1929-1968) savait qu'il risquait sa vie en luttant contre la ségrégation raciale par la non-violence.

Gandhi (1869-1948), artisan de l'indépendance de l'Inde et apôtre de la non-violence savait que sa vie était en danger.

A trois reprises, Jésus prépare ses disciples et annonce sa mort. Mais Dieu le ressuscitera. La vie, l'amour, le bien, la vérité ne sont pas anéantis, ne sont pas mis en échec. Dieu reconnaît son envoyé, son Messie. Et cette victoire est notre victoire sur la mort. Sur toutes nos morts. Tout ce qui apparaît aux yeux du monde comme un échec. Nos pauvretés par amour. Notre douceur par amour. Nos persécutions à cause de notre amour. Notre combat pour la paix par amour. Notre volonté de justice par amour. Notre rejet de la cupidité, du mépris, de la convoitise, de la domination par amour. Notre tenue à l'écart des intrigues, des manigances, du mensonge, des embrouilles par amour.

Dieu est bien le partisan des faibles. Il est aux côtés des petits. Il est en tout homme, en toute femme qui travaille dans le monde pour plus d'humanité, plus de paix, plus de vérité, plus d'amour.

L'annonce de l'échec apparent de la mort de Jésus ouvre un passage sur une victoire définitive de la vie.

Là est la destinée de l'homme.
Là est notre destinée.

Mardi

Les disciples s'approchèrent de Jésus et lui dirent : 'Qui donc est le plus grand dans le Royaume des cieux ?' Jésus appela un enfant, le plaça au milieu d'eux et répondit : 'Vraiment, je vous le dis : si vous ne changez pas pour devenir comme les enfants, vous n'entrerez pas dans le Royaume des cieux. Donc, celui qui se fera petit comme cet enfant, celui-là est le plus grand dans le Royaume des cieux.

Et celui qui accueille un enfant comme celui-ci en mon nom, c'est moi qu'il accueille.

Gardez-vous de mépriser un seul de ces petits : car je vous dis que leurs anges dans les cieux contemplent sans cesse le visage de mon Père qui est aux cieux.' Matthieu 18,1-5.10-14.

Nous pensions que pour être sauvé, pour obtenir le bonheur éternel, il fallait comptabiliser des bonnes œuvres, des mérites, des pénitences, des prières, des indulgences, des pratiques religieuses…

Devenir comme les enfants. Cela ne signifie pas un retour aux balbutiements de l'enfant. A l'ignorance de l'enfant. A la soumission de l'enfant. A la faiblesse de l'enfant.

Devenir comme un enfant…
c'est avoir la spontanéité de l'enfant. Un mélange de vérité et de bonté sans l'ajout de malice, de manipulation, de tromperie, de mensonge ;
c'est avoir le regard clair de l'enfant. Un regard pur sur toute chose, sur tout homme, sur toute femme. Un regard non possessif, non dominateur, non séducteur, non dissimulateur. Un regard vrai. Le reflet de l'âme ;
c'est avoir l'élan d'amour de l'enfant. L'amour des petits, des faibles, des exclus, des laissés-pour-compte ;
c'est avoir le geste de tendresse de l'enfant. Le geste approprié pour consoler, pour compatir, pour aider, pour secourir, pour aimer ;
c'est avoir l'intuition de l'enfant. Pour deviner la souffrance, la tristesse, la désespérance, le découragement ;
c'est avoir les mots de l'enfant. Leur justesse, leur douceur, leur espérance, leur confiance, leur simplicité.

Et puis, c'est croire envers et contre tout.
Avoir la certitude d'être aimé de Dieu et croire que tout est possible grâce à Dieu et avec Dieu.

Mercredi

Jésus disait à ses disciples : 'Si ton frère a commis un péché, va le lui reprocher seul à seul. S'il t'écoute, tu auras gagné ton frère. S'il ne t'écoute pas, prends avec toi encore une ou deux personnes afin que toute l'affaire soit réglée sur la parole de deux ou trois témoins. S'il refuse de les écouter, dis-le à la communauté de l'Eglise ; s'il refuse d'écouter l'Eglise, considère-le comme un païen et un publicain.

Vraiment, je vous le dis : tout ce que vous aurez lié sur la terre sera lié dans le ciel. Et tout ce que vous aurez délié sur la terre sera délié dans le ciel.

En outre, vraiment, je vous le dis : lorsque deux d'entre vous se mettent d'accord sur la terre pour demander quoi que ce soit, ils l'obtiendront de mon Père qui est aux cieux. Lorsque deux ou trois sont réunis en mon nom, je suis là, au milieu d'eux.' Matthieu 18,15-20.

Comme il est difficile de faire communauté !

Nous sommes tellement tentés de faire nos œuvres à nous. Nos dévotions à nous. Nos prières à nous. Et si nous sommes rassemblés par obligation, nous repartons bien vite individuellement.

Et pourtant…
c'est dans le service des frères que nous vivons notre foi en Dieu ;
c'est en communauté que notre prière est la plus efficace ;
c'est dans les rencontres que nous témoignons la présence, l'amour et la tendresse de Dieu.

Dieu est agissant dans nos partages, dans nos réconciliations, dans nos relations, dans nos entraides, dans nos amitiés.
Dieu est présent dans tout ce que nous faisons pour rendre le monde plus humain.

Faire communauté…
c'est oublier nos préjugés, nos a priori ;
c'est prendre en considération la valeur de l'autre ;
c'est quitter notre position défensive, retranchée ;
c'est oser témoigner de notre foi, de nos convictions, de nos valeurs ;
c'est avoir le courage du partage ;
c'est risquer les divergences de vues, les désaccords ;
c'est accepter les conseils ;
c'est modifier notre comportement,
c'est acquiescer au changement de vie ;
c'est reconnaître ses erreurs ;
c'est pardonner les imperfections ;
c'est revoir ses appréciations…

'Si vous avez de l'amour les uns pour les autres, tous reconnaîtront que vous êtes mes disciples. Jean 13,35.

Assomption de Marie

En ces jours-là, Marie se mit en route rapidement vers une ville de la montagne de Judée.
Elle entra dans la maison de Zacharie et salua Elisabeth.
Or, quand Elisabeth entendit la salutation de Marie, l'enfant tressaillit en elle.
Alors, Elisabeth fut remplie de l'Esprit Saint, et s'écria d'une voix forte : 'Tu es bénie entre toutes les femmes, et le fruit de tes entrailles est béni. Comment ai-je ce bonheur que la mère de mon Seigneur vienne jusqu'à moi ? Car, lorsque j'ai entendu tes paroles de salutation, l'enfant a tressailli d'allégresse au-dedans de moi. Heureuse celle qui a cru à l'accomplissement des paroles qui lui furent dites de la part du Seigneur.' Luc 1,39-45.

Marie…
On la dit Mère de Dieu (Concile d'Ephèse 431), pure, vierge, immaculée (Pie IX 1854). On prétend qu'elle est apparue en divers lieux. On enseigne qu'elle est montée au Ciel avec son corps (Pie XII

1950). Elle est l'objet de dogmes, de traités, de milliers d'ouvrages, de films, de peintures, de bandes dessinées, de spectacles... On lui a dédié de multiples lieux de culte et de pèlerinages. On l'identifie à l'Eglise (Ephésiens 5,27) à la Nouvelle Eve (Irénée de Lyon v. 140-200).

Marie...

Une petite fille dans un village de Palestine, Nazareth. Une petite fille comme toutes les autres. Fiancée. Promise en mariage. Comme toutes les jeunes filles.

Un événement dans sa vie. L'intuition de donner naissance à un enfant, un garçon hors du commun. Cette annonce est miraculeuse. Comme celle précédant la naissance miraculeuse d'un prophète. Comme l'annonce faite à Sara, mère d'Isaac (Genèse 18,1-15), à Anne, mère de Samuel (1 Samuel 1,1-28), à la femme de Manoah, mère de Samson (Juges 13,1-25), à Zacharie, le père de Jean le Baptiste (Luc 1,5-25). Voir aussi Jérémie 1,4-5.

L'enfant portera la marque de Dieu, l'appartenance à Dieu. Il sera toute sa vie au service de Dieu. La naissance est un miracle à la hauteur de la mission qui sera celle de Jésus.

Marie...

Vie simple. Peu d'événements marquants. Sinon une prédiction lors de la présentation de l'enfant au Temple : l'annonce de souffrances.

A Cana, Jésus, prédicateur itinérant, donne un premier signe de sa mission : la révélation d'un Dieu bon qui entre en relation avec les hommes. Marie est témoin de ce premier miracle.

Puis, Marie inquiète est venue avec les frères de Jésus sur le lieu de la prédication.

Enfin, Marie a suivi la mise à mort de son fils jusqu'au lieu du supplice.

Présence discrète. Humilité. Pauvreté. Douceur. Un détachement progressif de ce fils dont elle ne comprend pas toujours le comportement.

Une souffrance. Une douleur secrète et silencieuse. Mais aussi l'acceptation, l'acquiescement et le continuel ajustement à la bonté de Dieu.

Un chemin tracé pour nous. Dans le quotidien. Dans la banalité de nos vies.

Savoir aussi que c'est dans cette petitesse, dans ce laisser-faire, dans cet abandon à la bonté de Dieu que nous trouvons le bonheur.

<u>Jeudi</u>

Pierre s'approcha de Jésus pour lui dire : 'Seigneur, si mon frère pèche contre moi, combien de fois devrai-je lui pardonner ? Jusqu'à sept fois ?'

Jésus lui répondit : 'Je ne te dis pas jusqu'à sept fois, mais jusqu'à soixante-dix fois sept fois.

C'est pourquoi le Royaume des cieux est comparable à un roi qui voulut régler ses comptes avec ses serviteurs.

Le règlement commencé, on lui en amena un qui devait dix mille talents, c'est-à-dire soixante millions de deniers. Comme cet homme était insolvable, le maître ordonna de le vendre, avec sa femme, ses enfants et tous ses biens, en remboursement de sa dette.

Le serviteur tomba à ses pieds et il demeurait prosterné en disant : 'Prends patience envers moi, je te rembourserai tout.'

Saisi de pitié, le maître de ce serviteur le laissa partir et lui remit sa dette.

Or, en sortant, ce serviteur trouva un de ses collègues, qui lui devait cent deniers. Il se jeta sur lui et il l'étranglait en disant : 'Rembourse ta dette !'

Son collègue tomba à ses pieds et le suppliait : 'Prends patience envers moi, je te rembourserai.'

Mais l'autre refusa et le fit jeter en prison jusqu'à remboursement de sa dette.

Ses collègues, en voyant cela, furent profondément attristés et allèrent raconter au maître tout ce qui s'était passé.

Alors son maître le fit appeler et lui dit : 'Serviteur méchant ! je t'ai remis toute cette dette à cause de tes supplications. Est-ce que tu n'aurais pas dû avoir pitié de ton collègue, comme moi-même j'ai eu pitié de toi ?' Plein de colère, son maître le livra aux bourreaux, jusqu'à remboursement de toute sa dette.

C'est ainsi que mon Père céleste, lui aussi, vous traitera, si chacun de vous ne pardonne pas à son frère du fond du cœur.'

Lorsque Jésus eut achevé ces discours, il s'éloigna de la Galilée pour se rendre dans les régions de la Judée, au-delà du Jourdain. Matthieu 18,21-35.19,1.

« Je n'aurais pas dû dire cela... J'aurais dû agir autrement... »

Nous ressassons nos erreurs. Nous regrettons nos torts. Nous ne pouvons oublier nos manquements.

Nous avons des comportements inadaptés. Des paroles inappropriées. Des gestes irréfléchis.

Et nous avons mal, par rapport à notre idée de la perfection. Par rapport à notre idéal d'un homme ou d'une femme irréprochable.

Nos limites et nos faiblesses se heurtent à l'image que nous voulons présenter aux regards de la société.

Le pardon envers nous-mêmes...
nous rétablit dans l'estime de soi ;
nous fait accepter notre vie comme un cheminement vers un « plus être », avec ses hésitations, ses ratés, ses errements, ses égarements ;
nous permet de rester conscient du besoin de réajustement continu à la bonté de Dieu ;
nous pacifie en nous donnant confiance dans nos capacités de dépassement ;
nous rétablit dans l'humilité de nos limites acceptées comme un marchepied pour être plus aimant, plus indulgent, plus tolérant...

Pardonner et demander pardon...
pour rétablir une relation rompue ou fragilisée ;
pour consolider une amitié ;
pour entrer dans la vérité ;
pour poursuivre un projet commun ;

pour lever les ambiguïtés, les incompréhensions, les interprétations ;
pour grandir en humanité ;
pour rétablir la paix ;
pour progresser dans la compréhension réciproque...
Pardonne-nous nos offenses, dans la mesure où nous-mêmes nous pardonnons à ceux qui ont des torts envers nous. Luc 11,4.

Vendredi

Des pharisiens s'approchèrent de Jésus. Ils lui demandèrent, pour lui tendre un piège : 'Est-il permis de renvoyer sa femme pour n'importe quel motif ?'
Il répondit : 'N'avez-vous pas lu l'Ecriture ? Au commencement, le Créateur les fit homme et femme, et leur dit : Voilà pourquoi l'homme quittera son père et sa mère, il s'attachera à sa femme, et tous deux ne feront plus qu'un seul. Donc, ce que Dieu a uni, que l'homme ne le sépare pas !'
Les pharisiens lui répliquèrent : 'Pourquoi donc Moïse a-t-il prescrit la remise d'un acte de divorce avant la séparation ?'
Jésus leur répond : 'C'est parce que vous avez le cœur dur que Moïse vous a concédé de renvoyer vos femmes. Mais au commencement, il n'en était pas ainsi. Or, je vous dis : Si quelqu'un renvoie sa femme – sauf en cas d'union illégale – pour en prendre une autre, il est adultère.'... Matthieu 19,3-12.

Aimer l'autre, c'est ouvrir un avenir ensemble.
Deux êtres...
vivant un amour réciproque, avec des limites, des faiblesses, des erreurs ;
respectant les différences, les particularités, les caractères, les manies, les habitudes ;
traversant les difficultés, les deuils, les événements douloureux avec assurance, avec force, avec générosité ;
vivant la joie, le bonheur, l'espérance ;
s'épaulant, s'entraidant, se renforçant ;

communiquant par la parole, par le geste, par le regard, par la tendresse ;
se comprenant à demi-mot, dans le silence, par l'intuition ;
construisant l'avenir par une œuvre commune, un bonheur commun, un accomplissement de chacun ;
respectant l'autre dans ses idées, ses convictions ;
pardonnant les imperfections, les incapacités, les faiblesses, les omissions…
    N'ayant aucun motif de séparation, parce que ajustés tous les deux, dans la bonté de Dieu.

    <u>Samedi</u>

    On amenait à Jésus des enfants, et on lui demandait de leur imposer les mains en faisant une prière. Mais les disciples les rabrouèrent.
    Jésus dit alors : 'Laissez venir les enfants, ne les empêchez pas de venir à moi, car le Royaume des cieux est à ceux qui leur ressemblent.'
    Il leur imposa les mains et partit de là. Matthieu 19,13-15.
    On bénit les chevaux, les chiens, les tracteurs, les voitures, les chapelets, les maisons, les personnes…
    Dieu seul bénit.
    La bénédiction, l'imposition des mains sur un homme, sur une femme, sur un enfant est une prière à Dieu.
    Elle est une demande…
de l'Esprit de Dieu ;
d'un bienfait de Dieu ;
de l'ajustement de l'existence à la bonté de Dieu ;
de la présence de Dieu dans l'existence ;
de l'action efficace de Dieu dans la vie…
    Bénir Dieu…
c'est reporter la bénédiction à sa source ;
c'est répondre à son action ;

c'est lui dire son admiration ;
c'est le remercier ;
c'est reconnaître sa bonté dans notre vie ;
c'est lui dire son attachement ;
c'est constater son action performante ;
c'est vivre sa présence ;
c'est le louer…

Jésus, Christ, Béni de Dieu. Jésus, le Béni (Luc 1,42 ; 13,35.)
Nous sommes bénis par Dieu en Jésus le Béni.
Jésus le Béni, parfaitement ajusté à la bonté de Dieu.

'Que le Seigneur te bénisse et te garde ! Qu'il fasse pour toi rayonner son visage et te fasse grâce ! Qu'il te découvre sa face et t'apporte la paix !' Nombres 6,24-26.

20ème semaine

Lundi

Quelqu'un s'approcha de Jésus et lui dit : 'Maître, que dois-je faire de bon pour avoir la vie éternelle ?'

Jésus lui dit : 'Pourquoi m'interroges-tu sur ce qui est bon ? Un seul être est bon ! Si tu veux entrer dans la vie, observe les commandements.' – 'Lesquels ?', lui dit-il. Jésus reprit : 'Tu ne commettras pas de meurtre. Tu ne commettras pas d'adultère. Tu ne voleras pas. Tu ne porteras pas de faux témoignages. Respecte ton père et ta mère. Et aussi : Tu aimeras ton prochain comme toi-même.'

Le jeune homme lui dit : 'Tout cela, je l'ai observé : que me manque-t-il encore ?'

Jésus lui répondit : 'Si tu veux être parfait, va, vends ce que tu possèdes, donne-le aux pauvres et tu auras un trésor dans les cieux. Puis, viens, suis-moi.'

A ces mots, le jeune homme s'en alla tout triste, car il avait de grands biens. Matthieu 19,16-22.

Y aurait-il des disciples de différents grades ? Celui qui observe les commandements pour obtenir la vie éternelle. Et celui qui vise la perfection en abandonnant tout pour suivre Jésus ?

Dans quelle catégorie sommes-nous ? L'un(e) et l'autre, nous désirons suivre Jésus. L'un(e) et l'autre, nous voulons demeurer dans la Vie en Dieu. Les deux exigences peuvent-elles se rejoindre ? Aimer, dans le détachement matériel et ajuster sa vie continuellement à l'Evangile.

La pauvreté n'est-elle pas acquiescement à tout ce que l'existence compte en contrariétés, en souffrances, en combats, en difficultés, en oppositions, en problèmes... ?

La pauvreté n'est-elle pas dans l'humilité de l'acceptation de nos limites, de nos manquements, de nos incapacités, de nos incompréhensions, de nos fatigues, de nos découragements, de nos lassitudes... ?

Le disciple n'est-il pas celui ou celle qui met en Dieu son entière confiance ? Celui ou celle qui croit à l'action performante de la présence de Dieu en lui ou en elle ? Celui ou celle qui travaille à l'ajustement de son existence, de sa manière de vivre le quotidien à la bonté infinie de Dieu ?

Etre disciple de Jésus, n'est-ce pas...
croire que nous sommes habités par la bonté de Dieu ?
vivre chaque jour la confiance en Dieu ?
faire de la banalité du quotidien un geste d'amour ?
entretenir par la prière la communion avec Dieu ?
trouver la joie et la paix que rien ni personne ne peut nous ravir ?

Le disciple de Jésus est un homme, une femme, heureux (se).

Mardi

Après le départ du jeune homme riche, Jésus dit à ses disciples : 'Vraiment, je vous le dis : un riche entrera difficilement dans le Royaume des cieux. Je vous le répète : il est plus facile à un chameau de passer par le trou d'aiguille qu'à un riche d'entrer dans le royaume de Dieu.'

Entendant ces paroles, les disciples furent profondément étonnés, et ils disaient : 'Qui donc peut être sauvé ?'

Jésus les regarda et dit : 'Pour les hommes, c'est impossible, mais pour Dieu tout est possible.'... Matthieu 19,23-30.

Il y a le riche qui a un cœur de pauvre.
Il y a le pauvre qui a un cœur de riche.
Il y a le pauvre qui a un cœur de pauvre.
Il y a le riche qui a un cœur de riche.

Il faut donc regarder le cœur.

Où mettons-nous notre préférence ? Quel est notre choix ? Notre priorité ? Cela ne dépend pas de la quantité de biens matériels, de leur nombre, de leur volume, de leur valeur, mais de notre attachement. De l'importance que nous leur accordons. De notre dépendance.

Stop ! Danger !

Dès que les biens matériels perdent l'attrait de leur utilité. Dès qu'ils deviennent une accumulation sans usage, sinon celui d'enrichir leur propriétaire.

Stop ! Danger !

Dès que l'humain n'est plus le centre de notre intérêt. Dès que le cœur perd de son humanité. Dès que nous sommes esclaves des biens matériels. Dès que le matériel devient le sujet de nos préoccupations, de nos désirs, de nos objectifs, de nos raisons de vivre.

Stop ! Danger !

Dès que nous sommes soumis à l'envie de posséder toujours plus. Dès que nous accordons de l'importance à l'accumulation de choses, d'objets, de biens meubles ou immeubles. Dès que nous glissons dans le souci insatiable du bien-être matériel. Dès que nous angoissons à l'idée de perdre ce que nous possédons.

Stop ! Danger !
Lorsque l'humain a disparu de notre vie,
il est déjà trop tard !

Mercredi

Jésus disait cette parabole : 'Le Royaume des cieux est semblable au maître d'un domaine qui sortit au petit jour afin d'embaucher des ouvriers pour sa vigne. Après s'être mis d'accord avec eux sur le salaire d'un denier par jour, il les envoya dans sa vigne.

En sortant vers neuf heures, il en vit d'autres qui étaient là, sur la place, à ne rien faire. Il leur dit : 'Allez, vous aussi à la vigne et je vous donnerai un juste salaire.' Ils y allèrent.

En sortant vers midi, puis vers trois heures, il fit de même.

Vers cinq heures, il sortit encore, il en trouva d'autres qui étaient là, et il leur dit : 'Pourquoi êtes-vous là toute la journée, à ne rien faire ?' Ils lui répondent : 'Parce que personne ne nous a embauchés.' Il leur dit : 'Allez, vous aussi, à la vigne.'

Le soir venu, le maître de la vigne dit à son intendant : 'Appelle les ouvriers, et donne-leur le salaire, en commençant par les derniers pour finir par les premiers.'

Ceux qui étaient arrivés à cinq heures s'avancèrent et reçurent chacun un denier. Quand vint le tour des premiers, ils pensaient recevoir davantage, mais ils reçurent, eux aussi, chacun un denier. En le prenant, ils récriminaient contre le maître du domaine : 'Ceux qui sont venus les derniers n'ont fait qu'une heure, et tu les mets à égalité avec nous, qui avons enduré le poids du jour et de la chaleur !' Mais le maître répondit à l'un d'eux : 'Mon ami, je ne suis pas injuste envers toi. N'as-tu pas été d'accord avec moi pour un denier ? Prends ce qui te revient et va-t-en. Je veux donner à cet homme, qui est l'un des derniers, autant qu'à toi : n'ai-je pas le droit de disposer de mes biens comme je le veux ? Ou me regardes-tu d'un œil mauvais parce que je suis bon ?' C'est ainsi que les derniers seront premiers, et les premiers, derniers.' Matthieu 20,1-16.

Qui est-il ce patron qui embauche ?

N'est-il pas astreint aux récessions, aux restructurations, aux économies ?
N'est-il pas influencé dans ses décisions par le cours du dollar, du yen ou de l'euro ?
N'a-t-il pas le souci de la rentabilité, de la productivité, des hausses de salaires ?
Ne s'inquiète-t-il pas des prix fixés à Londres ou à New-York ?
A-t-il fait passer les tests à l'embauche, les screening, les interviews ?
Voici, il embauche les non-qualifiés, les non-diplômés, les non-recommandés, les non-pistonnés.
Voici, les travailleurs ont le même contrat : la justice pour tous.
Voici, le temps de travail n'est pas respecté : 8h, 6h, 4h, 2h.
Voici, le salaire maximum est distribué à tous.
Voici, notre Dieu, Maître de la Vigne, son Royaume, notre Royaume, celui qu'il nous a donné, distribué, offert.
   Ce Royaume-là, c'est la Vie assurée. La Joie donnée.
Ce Royaume-là, il est intérieur. Il est en nous. En chacune et en chacun de nous.
Ne le cherchons pas sur la carte du ciel, du paradis ou ailleurs.
La Vie de Dieu est en nous. Le Royaume de Dieu est en nous. Nous y travaillons pour qu'il produise du fruit. De l'amour. De la compassion. De la tendresse. De la bonté. Du pardon. De la justice…
   Si le maître est bonté, comment ne le serions-nous pas ?
Dieu passe sans cesse sur nos places.
Il embauche tout qui entend sa parole.
Ne manquons pas le rendez-vous !

<u>Jeudi</u>

Jésus disait encore en paraboles : 'Le Royaume des cieux est comparable à un roi qui fit un festin de noces pour son fils. Il envoya ses serviteurs pour appeler aux noces les invités, mais ceux-ci ne voulaient pas venir. Il envoya encore d'autres serviteurs en

les chargeant de dire aux invités : 'Voici que j'ai préparé le repas : mes bœufs et mes bêtes engraissées ont été égorgés, tout est prêt : venez aux noces.'

Mais ils n'en tinrent pas compte et s'en allèrent, celui-ci à son champ, celui-là à son commerce ; les autres empoignèrent les serviteurs, les maltraitèrent et les tuèrent.

Le roi fut indigné, il envoya ses troupes, fit périr ces meurtriers, et brûla leur ville.

Alors il dit à ses serviteurs : 'La noce est prête, mais les invités n'en étaient pas dignes. Allez donc aux carrefours, et tous ceux que vous rencontrerez, invitez-les aux noces.'

Les serviteurs allèrent sur les routes, rassemblèrent tous ceux qu'ils rencontrèrent, les mauvais comme les bons, et la salle des noces fut remplie de convives.

Le roi entra pour voir les convives. Il vit là un homme qui ne portait pas le vêtement de noces. Il lui dit : 'Mon ami, comment es-tu entré ici sans avoir le vêtement de noces ?'

L'autre garda le silence.

Alors le roi dit aux serviteurs : 'Liez-lui les mains et les pieds, et jetez-le dehors, dans les ténèbres ; là, il y aura des pleurs et des grincements de dents.'

Car beaucoup sont appelés, mais les élus sont peu nombreux.'
Matthieu 22,1-14.

L'offre est intéressante, attrayante, plaisante, séduisante.

Une telle offre est une aubaine, une chance. Et pourtant, les invités refusent. Ils s'excusent. Ils sont indifférents. Ils sont désintéressés.

Avons-nous bien examiné l'invitation, la proposition ?

Le banquet du Royaume de Dieu. Les retrouvailles. La fête. La joie. L'aboutissement de toute une vie. Le Royaume de Dieu réalisé, accompli.

Avons-nous bien estimé les conséquences du refus ?

La préférence à…

nos petits plaisirs à nous ;

nos petits avantages à nous ;
nos petites consolations à nous ;
nos petits intérêts à nous ;
notre petite tranquillité à nous…
    Avons-nous pesé le « pour » et le « contre » ?
    Avons-nous mis suffisamment d'amour sur le plateau de la balance ?
        Dieu passe inlassablement aux carrefours de notre vie.
        Il nous invite au repas du Royaume.

Vendredi

Les pharisiens avaient appris que Jésus avait réduit au silence les sadducéens, se rassemblèrent autour de lui.
__Et l'un d'eux, un docteur de la Loi, lui demanda pour le mettre à l'épreuve : 'Maître, quel est, dans la Loi, le grand commandement ?' Jésus lui répondit : 'Tu aimeras le Seigneur ton Dieu de tout ton cœur, de toute ton âme, et de tout ton esprit. Voilà le grand, le premier commandement. Le second lui est semblable : Tu aimeras ton prochain comme toi-même. De ces deux commandements dépendent toute la Loi et les prophètes.'__ Matthieu 22,34-40.
    Aimer, ce n'est pas un sentiment vague d'appréciation. Ce n'est pas une émotion fût-elle spirituelle.
    Aimer est un acte libre. Une dynamique. Une tâche à accomplir.
Celui qui aime reçoit autant que ce qu'il donne, et même davantage.
Il quitte une position de repli sur lui-même, et s'ouvre à l'autre.
Il abandonne un regard sur lui-même et se tourne vers l'autre.
Il cesse de se centrer sur lui-même pour donner un espace à l'autre.
Il ose accueillir la différence au risque de perdre la tranquillité, la sécurité du connu.
    Lorsque l'autre, le différent est Dieu, l'amour prend de l'altitude. La réciprocité est à notre avantage. Lorsque nous fréquentons une personne spécialisée dans un domaine, nous bénéficions de son

savoir, de son expérience, de son savoir-faire. Fréquenter Dieu, c'est la réussite assurée en vie reçue, en amour reçu, en bonheur reçu, en bonté reçue. Dieu est le superlatif en toutes choses. En qualité et en quantité. C'est l'abondance. Une abondance telle que l'amour que nous recevons doit être distribué autour de nous.

Aimer Dieu, aimer les autres,
du même amour de Dieu.

<u>Samedi</u>

Jésus disait aux foules et à ses disciples : 'Les scribes et les pharisiens se sont assis dans la chaire de Moïse. Tout ce qu'ils vous disent, faites-le donc et observe-le. Mais ne faites pas ce qu'ils font, car ils disent et ne font pas.

Ils attachent de lourds fardeaux sur les épaules des gens ; mais eux-mêmes ne veulent pas les remuer du doigt.

Ils agissent toujours pour être vus des hommes : ils portent sur eux de larges étuis contenant les textes de la Loi, et ils exagèrent la longueur des franges prescrites.

Ils recherchent la place d'honneur dans les repas, et le premier rang dans les synagogues ; ils aiment à se faire saluer dans la rue, et à se faire appeler Rabbi par les gens… Le plus grand parmi vous sera votre serviteur. Celui qui s'élève sera abaissé, celui qui s'abaisse sera élevé.' Matthieu 23,1-12.

On ne le remarque pas. On ne le voit pas. On ne l'entend pas. Il agit dans l'anonymat. Il est discret. Il est efficace. Il voit le besoin. Il écoute. Il respecte toute personne. Aucune tâche ne le rebute. Il est présent partout. Il s'adapte. Il est attentif. Il est patient. Il n'est pas remercié. Il n'est pas mis à l'honneur. Il n'est pas récompensé. Il est oublié.

Faim, soif, solitude, maladie, mépris rejet…
Il répond à toutes les situations.
Il y trouve son bonheur.

Et Dieu alors ? Le Tout-puissant.

Il est à genoux aux pieds de l'homme. Il lave les pieds du disciple. Il touche le lépreux. Il accueille les enfants. Il console la veuve. Il guérit l'aveugle. Il rend l'estime au méprisé. Il rétablit le rejeté dans ses droits. Il écoute le mendiant.

L'homme est grand
parce que Dieu s'est fait petit.

21ème semaine

<u>Lundi</u>

Jésus disait, devant la foule et ses disciples : 'Malheureux êtes-vous, scribes et pharisiens hypocrites, vous qui fermez aux hommes le Royaume des cieux ; vous n'y entrez pas vous-mêmes, et ceux qui voudraient y entrer, vous ne les laissez pas entrer.

Malheureux êtes-vous scribes et pharisiens hypocrites, vous qui parcourez la mer et la terre pour faire un seul converti, et lorsqu'il l'est devenu, vous en faites un homme de perdition deux fois pire que vous.

Malheureux êtes-vous, guides aveugles, vous qui dites : Si l'on jure par le sanctuaire, c'est nul ; mais si l'on jure par l'or du sanctuaire, on est engagé. Fous et aveugles ! Quel est le plus important : l'or ? Ou le sanctuaire, qui fait que l'or est sacré ?...'
Matthieu 23,13-22.

Ils nous donnent bonne conscience. Ils nous rassurent. Les rites. Les observances. Les pratiques religieuses. Ils sont parfois ou souvent détournés de leur but. Ils sont parfois ou souvent utilisés à d'autres fins. Favorisent-ils la relation entre l'homme et Dieu ? Ou bien servent-ils les institutions qui les imposent, qui les protègent, qui les conservent figés, sclérosés, inadaptés, usés, vieillots, obsolètes.

Le rite est porteur d'Evangile. Il est passeur de Dieu. L'humain s'y reconnaît tout en découvrant le divin. L'homme et Dieu ajustés. L'humain et le divin. Présences privilégiées. L'humain s'y épanouit

et trouve sa pleine dimension. Le rite respecte à la fois l'homme et Dieu. Il est au service de l'homme. Il est au service de Dieu.
Il est pour aujourd'hui.
Pour l'homme actuel.
Pour l'éveil à Dieu.

Mardi

Jésus disait, devant la foule et ses disciples : 'Malheureux êtes-vous, scribes et pharisiens hypocrites, vous qui acquittez l'impôt de la dîme sur les plus petites herbes, et négligez ce qu'il y a de plus important dans la Loi : la justice, la pitié, la loyauté. Il fallait pratiquer ceci, et ne pas négliger cela. Guides aveugles, vous qui filtrez le moucheron, et avalez le chameau !
Malheureux êtes-vous, scribes et pharisiens hypocrites, vous qui nettoyez l'extérieur de la coupe et du plat, alors que l'intérieur est plein de cupidité et d'intempérance. Pharisien aveugle, nettoie d'abord l'intérieur de la coupe et du plat, afin que son extérieur aussi soit propre.' Matthieu 23,23-26.

Il fut un temps où l'on portait les vêtements du dimanche. Où l'on se rassemblait en bons chrétiens. Où les notables occupaient le premier rang. Où l'on multipliait agenouillements, génuflexions et encensements. Etions-nous plus croyants ?

La pratique religieuse donnait un statut social. Le non-pratiquant était montré du doigt.

Et pourtant. Combien de personnes pratiquent l'Evangile au quotidien, sans étiquette, avec discrétion. Combien de personnes sont soucieuses de leur voisin et rapides pour apporter de l'aide au premier appel. Combien de personnes non répertoriées comme chrétiennes meurent sans prières, mais riches de l'amour donné à celui qui a soif ou faim, à celui qui est seul, malade ou en prison (Matthieu 25,35-36).

Le temps est à la vérité. A l'Evangile vécu. Au témoignage discret. A l'action humble et efficace.

Peut-être faudrait-il le dire à quelques irréductibles ?

<u>Mercredi</u>

Jésus disait, devant la foule et ses disciples : 'Malheureux êtes-vous, scribes et pharisiens hypocrites, car vous ressemblez à des tombeaux blanchis : au-dehors, ils ont belle apparence, mais au-dedans ils sont remplis d'ossements de cadavres et de toutes sortes d'immondices. De même vous aussi : au-dehors vous apparaissez comme des hommes justes, mais au-dedans vous êtes pleins d'hypocrisie et d'iniquité…' Matthieu 23,27-32.

On reconnaît l'arbre à ses fruits. Les fruits ont parfois une belle apparence, mais ils ont un goût amer, insipide, fade, ou même encore tachés de moisissures.

Tous les moyens sont utilisés pour paraître en société. Les artifices sont nombreux et ils sont même religieux. Une haute fonction peut camoufler des actes répréhensibles. Un titre voudrait attirer la complaisance de personnes de conditions modestes. Un état de vie voudrait se distinguer du commun des mortels.

Jésus nous met en garde contre les travers du religieux. Les déviations. Les exagérations. Les manipulations.

Celui qui néglige la prière risque de perdre tout contact avec Dieu, source de toute action. Celui qui perd la constante référence à l'Evangile est tenté de s'approprier Dieu. De se servir de Dieu. Pour asseoir son autorité. Pour recueillir le prestige et les honneurs. Pour briller en société…

L'annonce de l'Evangile est le travail de l'Esprit Saint. Pourvu que nous soyons suffisamment petits. Suffisamment perméables. Suffisamment transparents. Suffisamment dociles à l'action de Dieu en nous.

Peu importe la tâche à accomplir,
pourvu que nous soyons humbles,
humbles serviteurs de la Parole.

Jeudi

Jésus disait à ses disciples : 'Veillez, car vous ne savez pas quel jour votre maître viendra. Comprenez bien cela : si le maître de maison savait à quel moment de la nuit le voleur doit venir, il veillerait et ne laisserait pas forcer sa maison. Par conséquent, vous aussi tenez-vous prêts : c'est à l'heure où vous n'y pensez pas que le Fils de l'homme viendra.

Quel est donc le serviteur fidèle et sensé que le maître a placé à la tête des gens de sa maison pour leur donner la nourriture en temps voulu ? Heureux serviteur, celui que son maître, en arrivant, trouvera à son travail. Vraiment, je vous le déclare : il lui confiera la responsabilité de tous ses biens... Matthieu 24,42-51.

Il y a autant de manières de rencontrer Dieu qu'il y a d'individus. Dieu se donne de façon particulière à chacune et à chacun d'entre nous. Il multiplie les tentatives chez les distraits, les anxieux, les timides, les hésitants, les préoccupés. Les lieux sont variés. Le plus souvent, c'est dans le silence, la disponibilité, l'ouverture, l'accueil, l'attente, la prière, la méditation...

Dieu est patient. Il ne brusque pas. Il agit avec délicatesse. Il suggère. Il invite. Il propose. Il est discret. Il est respectueux de la liberté de chacun. Il agit avec tact. Il accepte le refus.

Nous reconnaissons le passage de Dieu à la paix qui l'accompagne et envahit notre être. Un moment paisible. Serein. Tel que nous voudrions qu'il se prolonge. La certitude de sa présence au plus intime de nous-mêmes. Une proximité. Une joie qui naît. Une confiance. Un amour.

Et puis, nous savons que notre vie ne pourra jamais oublier ce moment privilégié. Rien n'est plus comme avant. Cette présence de Dieu en nous demeure. Même si nous n'en sommes pas conscients. Même si nous l'oublions.

Dieu habite notre quotidien.
Dieu présent ici et maintenant.

Vendredi

Parlant de la venue du Fils de l'homme, Jésus dit cette parabole : 'Le Royaume des cieux est semblable à dix jeunes filles qui prirent leur lampe et s'en allèrent à la rencontre de l'époux. Cinq d'entre elles étaient insensées, et cinq étaient prévoyantes : les insensées avaient pris leur lampe sans emporter d'huile, tandis que les prévoyantes avaient pris, avec leur lampe, de l'huile en réserve.
Comme l'époux tardait, elles s'assoupirent toutes et s'endormirent.
Au milieu de la nuit, un cri se fit entendre : Voici l'époux ! Sortez à sa rencontre.
Alors toutes ces jeunes filles se réveillèrent et préparèrent leur lampe. Les insensées demandèrent aux prévoyantes : 'Donnez-nous de votre huile, car nos lampes s'éteignent.' Les prévoyantes répondirent : 'Jamais cela ne suffira pour nous et pour vous ; allez plutôt vous en procurer chez les marchands.'
Pendant qu'elles allaient en acheter, l'époux arriva.
Celles qui étaient prêtes entrèrent avec lui dans la salle des noces et l'on ferma la porte.
Plus tard, les autres jeunes filles arrivent à leur tour et disent : 'Seigneur, Seigneur, ouvre-nous !' Il leur répondit : 'Vraiment, je vous le dis, je ne vous connais pas.'
Veillez donc, car vous ne savez ni le jour ni l'heure.' Matthieu 25,1-13.

Ils ont passé la nuit dans leurs tentes ou même couchés sur le trottoir pour être les premiers, pour être au premier rang car, c'est un événement exceptionnel. Ils attendent l'ouverture des portes pour se précipiter à l'intérieur. Ils ont payé très cher leur billet d'entrée. Cela leur a coûté en perte de salaire, en frais de déplacement. Cela leur a été pénible à cause de la pluie, à cause de la fatigue. Mais, lorsque les portes s'ouvrent, c'est la joie, c'est l'effervescence.

Elles ont dû avoir bien du regret, ces jeunes filles parties acheter de l'huile pour leur lampe. Elles ont dû éprouver de la tristesse et de la déception à leur retour devant la porte close. Elles avaient pourtant passé la nuit sur place comme les autres jeunes filles, celles qui avaient prévu une réserve d'huile. Justement, cette courte absence, cet instant de distraction, ce manque de prévoyance et voilà que l'événement tant attendu arrive, et le rendez-vous est manqué !

Nous savons bien ce que nous gagnons en permettant à Dieu d'habiter notre quotidien. En nous laissant travailler par Dieu. Mais nous reportons le rendez-vous à plus tard. Quand nous en aurons terminé avec nos petites affaires. Quand nous serons vieux. Quand nous aurons le temps. Quand nous aurons gagné de l'argent. Quand notre santé commencera à vaciller. Quand…

Mais, n'est-ce pas inverser les choses ? Dieu n'est pas après toute chose. Après la mort. Après la fin du monde.

Dieu est ici et maintenant. Dieu habite notre aujourd'hui. Sa présence est précieuse dès cet instant. Il est et il demeure. Il donne sens au moment présent. A ce que je fais maintenant. Il est à nos côtés pour traverser nos difficultés diverses. Sa présence nous maintient debout dans la tempête de la souffrance, du découragement, de la lassitude, du désespoir, de la solitude…

Notre lampe allumée est intérieure. Elle est le désir d'accueil de Dieu en nous. Elle éclaire l'espace réservé à Dieu dans notre vie. Elle transfigure notre visage de la certitude d'être aimés de Dieu. La chaleur de la flamme est la tendresse de Dieu pour nous, pour chacune et chacun d'entre nous.

Alors, restons éveillés !
Alimentons cette flamme.
Elle est la présence de Dieu dans le monde.

<u>Samedi</u>

__Jésus disait à ses disciples cette parabole à propos de la venue du Fils de l'homme : 'C'est ainsi qu'un homme, au moment de partir en voyage, appela ses serviteurs et leur confia ses biens. A__ l'un il donna cinq talents, à un autre deux talents, au troisième un seul, selon les capacités de chacun. Puis il partit en voyage.

Aussitôt, celui qui avait reçu cinq talents s'occupa de les faire fructifier et en gagna cinq autres. De même celui qui en avait reçu deux en gagna deux autres. Mais celui qui n'en avait reçu qu'un fit un trou dans la terre, et enfouit l'argent de son maître.

Longtemps après, le maître de ces serviteurs revient, et il leur demande des comptes.

Celui qui avait reçu cinq talents s'avança en apportant cinq autres talents et dit : 'Seigneur, tu m'as confié cinq talents ; eh bien, j'en ai gagné cinq autres.'

Son maître lui dit : 'Très bien, serviteur bon et fidèle, tu as été fidèle pour de petites choses, je te mettrai à la tête de grandes choses ; entre dans la joie de ton seigneur.'

Celui qui avait reçu deux talents s'avança ensuite et dit : 'Seigneur, tu m'as confié deux talents ; eh bien, j'en ai gagné deux autres.'

Son maître lui dit : 'Très bien, serviteur bon et fidèle, tu as été fidèle pour de petites choses, je te mettrai à la tête de grandes choses ; entre dans la joie de ton seigneur.'

Celui qui avait reçu un seul talent s'avança ensuite et dit : 'Seigneur, je savais que tu es un homme dur ; tu moissonnes alors que tu n'as pas semé, tu ramasses ce que tu n'as pas distribué. J'ai eu peur, et je suis allé enfouir ton talent dans la terre. Le voici. Tu rentres dans ton bien.

Son maître lui répliqua : 'Serviteur méchant et paresseux, tu savais que je moissonne alors que je n'ai pas semé, que je ramasse ce que je n'ai pas distribué ? Il te fallait donc porter mon argent à la banque ; et en revenant, j'aurais repris ce qui est à moi, avec les intérêts. Enlevez-lui donc son talent, et donnez-le à celui qui a les dix talents. Car celui qui possède, on lui donnera, et il sera dans l'abondance. Mais à celui qui n'a pas, on enlèvera même ce qu'il a. Quant au serviteur inutile, jetez-le dehors, dans les ténèbres, où il y aura des pleurs et des grincements de dents !' Matthieu 25,14-30.

Ce ne sont pas les talents qui sont importants. Ce n'est pas leur nombre. Ce n'est pas leur valeur. Ce n'est pas la stratégie ou non des banquiers. Ce n'est pas le gain ou non rapporté. C'est la relation établie avec le maître, avec le propriétaire, avec Dieu.

Le maître a une totale confiance en ses serviteurs. Il leur confie tout ce qu'il possède. Il se dessaisit de son avoir, de ses biens, de sa richesse. Il devient pauvre pour qu'eux deviennent riches. Il donne tout ce qu'il a pour que ses serviteurs deviennent comme lui.

C'est ainsi que Dieu se donne. C'est la conception de Dieu de faire des hommes et des femmes des partenaires, des associés, des copropriétaires du divin, de l'amour, de la justice, du bonheur infini.

Voilà comment Dieu respecte les hommes. Comment Dieu établit un contrat de confiance avec l'homme. Comment Dieu a le projet de la destinée de l'homme. Comment le bonheur de Dieu devient le bonheur de l'homme.

Dieu et l'homme,
associés pour l'éternité.

22ème semaine

Lundi

Jésus vint à Nazareth, où il avait grandi. Comme il en avait l'habitude, il entra dans la synagogue le jour du sabbat, et il se leva pour faire la lecture.

On lui présenta le livre du prophète Isaïe. Il ouvrit le livre et trouva le passage où il est écrit : 'L'Esprit du Seigneur est sur moi parce que le Seigneur m'a consacré par l'onction. Il m'a envoyé porter la Bonne Nouvelle aux pauvres, annoncer aux prisonniers qu'ils sont libres, et aux aveugles qu'ils verront la lumière, apporter aux opprimés la libération, annoncer une année de bienfaits accordée par le Seigneur.' [Isaïe 61,1-2].

Jésus referma le livre, le rendit au servant et s'assit. Tous, dans la synagogue, avaient les yeux fixés sur lui.

Alors il se mit à leur dire : 'Cette parole de l'Ecriture, que vous venez d'entendre, c'est aujourd'hui qu'elle s'accomplit.'

Tous lui rendaient témoignage ; et ils s'étonnaient du message de grâce qui sortait de sa bouche. Ils se demandaient : 'N'est-ce pas là le fils de Joseph ?'

Mais il leur dit : 'Sûrement vous allez me citer le dicton : 'Médecin, guéris-toi toi-même ; nous avons appris tout ce qui s'est passé à Capharnaüm : fais donc de même ici dans ton pays !'

Puis il ajouta : 'Vraiment, je vous le dis, aucun prophète n'est bien reçu dans son pays…'

A ces mots, dans la synagogue, tous devinrent furieux. Ils se levèrent, poussèrent Jésus hors de la ville, et le menèrent jusqu'à un escarpement de la colline où la ville est construite, pour le précipiter en bas. Mais lui, passant au milieu d'eux, allait son chemin. Luc 4,16-30.

Donner l'espérance aux pauvres,
libérer les prisonniers,
rendre la vue aux aveugles,
annoncer la bonté de Dieu,
voilà la mission de Jésus,
voilà la mission des disciples de Jésus,
voilà notre mission.

Le souci de Dieu est l'homme pauvre, prisonnier, aveugle, opprimé, non aimé.

La pauvreté, parce qu'elle refuse à l'homme les moyens d'humanisation.

L'enfermement, parce qu'il cause la solitude et empêche toute relation.

L'aveuglement, parce qu'il rend étroite l'ouverture à l'autre.

L'oppression, parce qu'elle fait de l'homme un esclave.

L'abandon, parce qu'il ne permet pas à l'homme d'exister, d'être reconnu et aimé.

Voilà les cinq priorités de Dieu.

La mission de Jésus n'est pas d'organiser un culte à Dieu.

Elle ne consiste pas à créer une nouvelle religion.

Elle ne demande pas de rassembler les purs, les dévots, les fidèles, les hauts gradés religieux, les gardiens de la tradition, l'élite, les savants, les pieux.

La mission de Jésus est de libérer l'homme et de lui dire que Dieu est bonté, tendresse, amour.

Nous avons tous besoin d'être libérés de nos pauvretés, de nos entraves, de nos aveuglements, de nos esclavages et savoir que nous sommes aimés sans condition, sans limite, sans contrepartie.

Nous sommes aimés sans présenter de CV, de diplôme, de certificat de bonne conduite, ni même d'attestation de baptême.

Nous sommes aimés sans remplir un questionnaire, sans réussir un examen, sans répondre à un profil.

Vous, moi, chacune et chacun d'entre nous, nous sommes aimés de Dieu. A l'instant. Demain. Et les autres jours. Toujours. A l'infini.

Dès notre conception, Dieu a un regard de tendresse sur chacune et chacun d'entre nous. Aimés pour toujours. Pour l'éternité.

Mardi

Jésus descendit à Capharnaüm, ville de Galilée, et, le jour du sabbat, il enseignait. On était frappé par son enseignement parce qu'il parlait avec autorité.

Dans la synagogue, il y avait un homme possédé par l'esprit d'un démon mauvais ; il se mit à crier d'une voix forte : 'Va-t'en ! Que nous veux-tu, Jésus de Nazareth ? Es-tu venu pour nous perdre ? Je sais fort bien qui tu es : le Saint de Dieu.'

Jésus le menaça : 'Silence ! Sors de cet homme !'
Le démon le jeta au milieu de l'assistance, et sortit de lui sans ne lui avoir fait aucun mal.

Tous furent saisis de frayeur ; et ils se disaient entre eux : 'Quelle est donc cette parole, pour qu'il commande avec autorité et puissance aux esprits mauvais, et qu'ils sortent ?'

Et sa réputation se propageait partout dans la contrée. Luc 4,31-37.

Il suffirait d'un peu de foi pour dire…
qui est Jésus ;
que Dieu est bonté ;
que l'homme aussi est bon ;
que le pardon est acquis ;
que le mal ne peut nous anéantir ;
que l'espérance est offerte ;
que la dignité est reconnue ;
que la vie éternelle est donnée ;
que l'humain se construit dans l'amour ;
que Dieu habite notre quotidien ;
que l'action de Dieu est performante ;
que Dieu nous veut pleinement heureux ;
que l'humain s'accomplit en Dieu ;
que la vie franchit la mort ;
…

Même le démon y parvient.
Alors, pourquoi pas nous ?

<u>Mercredi</u>

En quittant la synagogue de Capharnaüm, Jésus entra chez Simon…
Après le coucher du soleil, tous ceux qui avaient des malades atteints de maux de toutes sortes les lui amenèrent. A chacun d'entre eux il imposait les mains, et il les guérissait. D'un grand nombre d'entre eux sortaient aussi des esprits mauvais, qui criaient : 'Tu es le fils de Dieu !' Mais Jésus les menaçait et ne leur permettait pas de parler, parce que ces esprits savaient qu'il était le Messie.
Quand il fit jour, Jésus sortit et s'en alla dans un endroit désert. Les foules le cherchaient ; elles vinrent jusqu'à lui, et elles

le retenaient pour l'empêcher de les quitter. Mais il leur dit : 'Il faut que j'annonce aussi la Bonne Nouvelle du Royaume de Dieu aux autres villes, car c'est pour cela que j'ai été envoyé.'

Et il proclamait la Bonne Nouvelle dans les synagogues de Judée. Luc 4,38-44.

Jésus ne se retire pas de la société.
Il ne s'isole pas.
Il ne recherche pas la solitude.
Il n'a pas besoin de « recharger ses batteries ».
Il ne va pas se reposer.
Il ne fuit pas la foule.

Jésus trouve un lieu où il peut parler à Dieu de ces malades, de ces opprimés, de ces errants, de ces souffrants, de ces possédés, de ces entravés, de ces accablés, de ces découragés…

Jésus trouve un lieu où dans le silence, la rencontre avec Dieu lui permet…
d'aimer plus encore ;
de compatir plus encore ;
de souffrir plus encore de la souffrance des autres ;
de porter mieux encore le poids des autres.

Jésus trouve un lieu où il prie Dieu au nom de celles et de ceux qui ne peuvent plus prier.

Jésus trouve un lieu où il s'offre, où il se donne à Dieu en communion avec la foule des souffrants, des pauvres, des opprimés.

Et nous, les pauvres, les souffrants, les accablés,
en communion avec Jésus,
abandonnons-nous entre les mains de Dieu.

<u>Jeudi</u>

Un jour, Jésus se trouvait sur le bord du lac de Génésareth : la foule se pressait autour de lui pour écouter la parole de Dieu. Il vit deux barques amarrées au bord du lac ; les pêcheurs en étaient descendus et lavaient leurs filets. Jésus monta dans une des barques qui appartenait à Simon, et lui demanda de s'éloigner un peu du rivage. Puis il s'assit et, de la barque, il enseignait la foule.

Quand il eut fini de parler, il dit à Simon : 'Avance au large, et jette les filets pour prendre du poisson.' Simon lui répondit : 'Maître, nous avons peiné toute la nuit sans rien prendre ; mais, sur ton ordre, je vais jeter les filets.'

Ils le firent, et ils prirent une telle quantité de poissons que leurs filets se déchiraient. Ils firent signe à leurs compagnons de l'autre barque de venir les aider. Ceux-ci vinrent et ils remplirent les deux barques, à tel point qu'elles enfonçaient...

Alors ils ramenèrent les barques au rivage et, laissant tout, ils le suivirent. Luc 5,1-11.

La confiance naît parfois après des jours d'incertitudes.
La lumière naît parfois après des nuits de tourments.
Le chemin naît parfois après des années d'errances.

La foi, …
c'est croire sur parole ;
c'est croire sans preuves ;
c'est croire sans hésitations ;
c'est croire sans retenues ;
c'est croire sans regrets.

La foi, …
ce n'est pas croire un peu ;
ce n'est pas croire en partie ;
ce n'est pas croire temporairement ;
ce n'est pas croire provisoirement.

La foi, …
c'est agir ;
c'est accomplir ;
c'est assumer ;
c'est témoigner ;
c'est s'engager.

Vendredi

Les pharisiens et leurs scribes dirent à Jésus : 'Les disciples de Jean jeûnent fréquemment et font des prières, de même ceux des pharisiens ; tandis que les tiens mangent et boivent !'

Jésus leur répondit : 'Pouvez-vous faire jeûner les invités de la noce pendant que l'Epoux est avec eux? Mais un temps viendra où l'Epoux leur sera enlevé : à cette époque-là ils jeûneront.'

Et il leur dit une parabole : 'Personne ne déchire un vêtement neuf pour mettre une pièce à un vieux vêtement ; autrement, on aura déchiré le neuf, et la pièce prise au vêtement neuf ne s'accordera pas avec le vieux.

Ou encore, personne ne met de vin nouveau dans de vieilles outres ; autrement, le vin nouveau fera éclater les outres, il se répandra, et les outres seront perdues. Le vin nouveau, il faut le mettre dans des outres neuves.

Et personne, après avoir bu le vin vieux, ne veut du vin nouveau, car on dit : C'est le vieux qui est bon.' Luc 5,33-39.

On ne fait pas du neuf avec du vieux !
Pas d'accommodements. Pas d'arrangements. Pas d'aménagements. Il faut oser faire le pas. Il faut oser créer. Il faut oser innover.

La foi n'est pas un vêtement usé qu'on transmet de générations à générations. La foi s'incarne dans l'aujourd'hui, dans notre environnement, dans notre société. Elle est actuelle. Elle est moderne. Elle est de notre temps. Elle parle à l'homme moderne. Avec ses mots. Avec ses expressions. Avec ses modes de diffusion.

La foi va à la rencontre de l'homme, de tous les hommes, de tout l'homme. Quel qu'il soit.

La foi n'a aucun a priori, aucune appréhension, aucun jugement. Elle se propose comme un être plus, un devenir plus, un être plus aimant, plus humain, plus accompli, plus réalisé.

La foi n'est soumise à aucune obligation. Aucune prescription. Aucun autre commandement que celui d'aimer et de se laisser aimer, de se laisser habiter par l'amour infini de Dieu.

Alors la foi naît. Elle grandit, toujours nouvelle, créatrice, inventive, novatrice, d'un monde nouveau.

Samedi

Un jour de sabbat, Jésus traversait des champs de blé ; ses disciples arrachaient des épis et les mangeaient, après les avoir froissés dans leurs mains.
Des pharisiens dirent alors : 'Pourquoi faites-vous ce qui n'est pas permis le jour du sabbat ?'
Jésus leur répondit : 'Vous n'avez pas lu ce que fit David, lorsqu'il eut faim, lui et ses compagnons ? Il entra dans la maison de Dieu, il prit les pains de l'offrande, les mangea, et en donna à ses compagnons, alors que les prêtres seuls ont le droit de les manger.'
Et il leur dit encore : 'Le Fils de l'homme est maître du sabbat.' Luc 6,1-5.

Ils disent ce qui est bien. Ils disent ce qui est mal. Ils sont la conscience des gens. Ils décrètent. Ils décident. Ils jugent. Ils condamnent. Ils gardent le silence alors qu'on attend une parole forte. Ils refusent le repentir. Ils ont toujours raison. Ils ont Dieu avec eux. Ils parlent au nom de Dieu. La religion leur sert de prétexte. La religion leur donne du pouvoir. La religion leur donne de l'autorité.

Pourtant, une nouvelle Eglise naît chaque jour du souffle de l'Esprit.

Elle est composée de celles et ceux…
qui témoignent l'Evangile au quotidien ;
qui croient en l'homme, en sa capacité de se réaliser en faisant le bien ;
qui vivent les Béatitudes, et y trouvent la joie ;
qui construisent une société fraternelle ;
qui prient en vérité ;
qui pardonnent et réconcilient ;
qui communient à la souffrance des autres ;

qui croient en un Dieu de tendresse, un Dieu de bonté, un Dieu de pardon, un Dieu d'amour ;
qui savent qu'ils sont habités par l'action de Dieu agissante, efficace, performante.

23ème semaine

Lundi

C'était encore un jour de sabbat : Jésus entra dans la synagogue et se mit à enseigner. Il y avait là un homme dont la main droite était paralysée. Les scribes et les pharisiens observaient Jésus pour voir s'il ferait une guérison le jour du sabbat, afin de trouver à l'accuser.

Jésus connaissait leur pensées, et il dit à l'homme qui avait la main paralysée : 'Lève-toi, et viens te mettre devant tout le monde.' L'homme se leva et resta debout

Jésus leur dit alors : 'Je vous le demande : est-il permis, le jour du sabbat, de faire le bien, ou de faire le mal ; de sauver une vie, ou de la perdre ?'

Alors, promenant son regard sur eux tous, il dit à l'homme : 'Etends ta main.' Il le fit et sa main fut guérie.

Les autres furent remplis de fureur, et ils s'entretenaient ensemble de ce qu'ils pourraient faire à Jésus. Luc 6,6-11.

Une guérison peut-elle provoquer de la colère ?
Un miracle peut-il déclencher de la fureur ?
Le bien accompli peut-il être la cause de la mort de son auteur ?
La logique des hommes n'est pas celle de Dieu.
Le raisonnement de l'homme n'est pas celui de Dieu.

Dieu se réjouit du bonheur retrouvé, de la santé recouvrée, de la joie exprimée.
Dieu s'étonne lorsque la colère répond à la tendresse. Lorsque la haine répond à la douceur. Lorsque la violence répond à la paix.

Et si nous refusions de rester sur nos positions. Si nous acceptions un geste d'ouverture. Si nous abandonnions notre orgueil, notre assurance, notre mépris. Si nous posions un regard de bonté sur tout ce qui est bien, sur tout ce qui est beau, sur tout ce qui est vrai.

Et si nous acceptions l'émerveillement de toute chose. Si nous adoptions l'attitude de Dieu, le regard bienveillant de Dieu, sans jugement, sans condamnation.

Aujourd'hui, demain, et les autres jours, nous serons alors les vrais disciples de Jésus.

Mardi

En ces jours-là, Jésus s'en alla dans la montagne pour prier, et il passa toute la nuit à prier Dieu.

Quand il fit jour, il appela ses disciples et il en choisit douze, auxquels il donna le nom d'Apôtres...

Il descendit avec eux et s'arrêta dans la plaine. Il y avait là un grand nombre de ses disciples, et une grande foule de peuple, venue de toute la Judée et de Jérusalem, et de la côte de Tyr et de Sidon. Ils venaient pour l'écouter et pour se faire guérir de leurs maladies ; ceux qui étaient tourmentés par des esprits mauvais étaient guéris eux aussi. Et toute cette foule cherchait à le toucher parce qu'une force sortait de lui et les guérissait tous. Luc 6,12-19.

Aussitôt après avoir prié, Jésus passe à l'action. D'abord le choix des apôtres. Puis, l'enseignement et la guérison des malades.

La prière n'est pas le refuge des passifs.
Elle n'est pas une fuite du monde.
Elle ne demande pas à Dieu d'agir à notre place.
Elle nous renvoie à nos responsabilités.
Elle nous met au travail.
Elle se concrétise dans l'action.
Elle augmente notre efficacité.

En fait, lorsque nous prions c'est Dieu …
qui nous prie ;

qui remplit l'espace libéré par la prière ;
qui manifeste sa présence dans notre disponibilité ;
qui habite notre attente ;
qui nous parle dans le silence ;
qui nous met en action ;
qui suscite notre amour ;
qui élargit notre horizon ;
qui nous fait percevoir la souffrance d'autrui ;
qui nous encourage dans nos engagements ;
qui nous éclaire dans nos discernements ;
qui fait naître la joie dans le don de nous-mêmes.

La prière est nécessaire, elle est indispensable, elle est le plus sûr moyen de répondre au projet de Dieu.

Mercredi

Jésus était descendu de la montagne avec les douze Apôtres. Une grande foule se trouvait là. Regardant alors ses disciples, Jésus dit :

'Heureux, vous les pauvres : le Royaume de Dieu est à vous. Heureux, vous qui avez faim maintenant : vous serez rassasiés.

Heureux, vous qui pleurez maintenant : vous rirez.

Heureux êtes-vous quand les hommes vous haïssent et vous repoussent, quand ils insultent et rejettent votre nom comme méprisable à cause du Fils de l'homme. Ce jour-là, soyez heureux et sautez de joie, car votre récompense est grande dans le ciel : c'est ainsi que leurs pères traitaient les prophètes.

Mais malheureux, vous les riches : vous avez votre consolation.

Malheureux, vous qui êtes repus maintenant : vous aurez faim.

Malheureux, vous qui riez maintenant : vous serez dans le deuil et vous pleurerez.

Malheureux êtes-vous quand tous les hommes disent du bien de vous : c'est ainsi que leurs pères traitaient les faux prophètes.'
Luc 6,20-26.

La pauvreté évangélique. La pauvreté du cœur. La mise à la disposition de Dieu d'un espace intérieur. L'acceptation de la présence de Dieu en soi. Le consentement donné à l'action de Dieu en nous.

Cette pauvreté-là…
elle appartient déjà au Royaume de Dieu ;
elle nous rend capable de consentir à la faim et le deuil ;
elle est apte à souffrir la violence et le mépris sans renier notre appartenance à Dieu ;
elle nous ajuste à la bonté de Dieu ;
elle nous associe à Jésus ;
elle est communion à la pauvreté de Jésus ;
elle est don total pour que d'autres
   soient rassasiés ;
   soient consolés.

Cette pauvreté-là est témoignage du Royaume d'amour et de paix. Royaume de Dieu déjà présent.

Jeudi

Jésus déclarait à la foule : 'Je vous le dis, à vous qui m'écoutez : Aimez vos ennemis, faites du bien à ceux qui vous haïssent. Souhaitez du bien à ceux qui vous maudissent, priez pour ceux qui vous calomnient.

A celui qui te frappe sur une joue, présente l'autre. A celui qui te prend ton manteau, laisse prendre aussi ta chemise. Donne à quiconque te demande, et ne réclame pas à celui qui te vole. Ce que vous voulez que les autres fassent pour vous, faites-le aussi pour eux.

Si vous aimez ceux qui vous aiment, quelle reconnaissance pouvez-vous attendre ? Même les pécheurs aiment ceux qui les aiment. Si vous faites du bien à ceux qui vous en font, quelle reconnaissance pouvez-vous attendre ? Même les pécheurs en font autant. Si vous prêtez quand vous êtes sûrs qu'on vous rendra, quelle reconnaissance pouvez-vous attendre ? Même les pécheurs prêtent aux pécheurs pour qu'on leur rende l'équivalent.

Au contraire, aimez vos ennemis, faites du bien et prêtez sans rien espérer en retour. Alors votre récompense sera grande, et vous serez les fils du Dieu très-haut, car il est bon, lui, pour les ingrats et les méchants. Soyez miséricordieux comme votre Père est miséricordieux. Ne jugez pas, et vous ne serez pas jugés ; ne condamnez pas, et vous ne serez pas condamnés. Pardonnez, et vous serez pardonnés. Donnez, et l'on vous donnera : une mesure bien pleine, tassée, secouée, débordante, qu'on versera dans votre tablier ; car la mesure dont vous vous servez pour les autres servira aussi pour vous.' Luc 6,27-38.

Martin Luther King (1929-1968). Gandhi (1869-1948).

Peut-on vraiment aimer nos ennemis ?

Peut-on faire du bien à celui qui nous a fait souffrir ?

Le mal, la violence, la souffrance subis portent atteinte à notre intégrité physique, psychologique, morale. L'injustice, le mépris, l'écrasement dont nous sommes victimes ébranlent notre personnalité, nous fragilisent, nous blessent, nous meurtrissent.

Nous devons nous remettre debout. Nous avons à retrouver confiance en nous-mêmes.

Les réponses à la violence par la violence, à la haine par la haine, au mépris par le mépris, continuent, prolongent, amplifient le processus du mal et ses conséquences, en nous, et dans l'autre.

Le résultat est l'enfermement et l'incapacité d'ouvrir un passage vers la liberté. Seuls, le pardon, la non-violence, l'amour nous maintiennent dans la liberté, dans la capacité de mettre fin au conflit.

L'amour des ennemis enseigné par Jésus est la réponse à tous les processus, à toutes les démolitions, à toutes les destructions, à toutes les divisions de l'humain provoqués par le mal. L'amour des ennemis est la force capable de se dresser, de faire face, de s'opposer, de détruire toute violence, toute haine, tout mépris de l'homme envers son semblable.

Alors, recherchons qui sont nos ennemis,

mettons en place le pardon, la réconciliation,
et devenons libres d'aimer.

Vendredi

Jésus s'adressait à ses disciples en paraboles : 'Un aveugle peut-il guider un autre aveugle ? Ne tomberont-ils pas tous deux dans un trou ? Le disciple n'est pas au-dessus du maître ; mais celui qui est bien formé sera comme son maître.
Qu'as-tu à regarder la paille dans l'œil de ton frère, alors que la poutre qui est dans ton œil à toi, tu ne la remarques pas ? Comment peux-tu dire à ton frère : 'Frère, laisse-moi retirer la paille qui est dans ton œil', alors que tu ne vois pas la poutre qui est dans le tien ? Tu te trompes : enlèves d'abord la poutre de ton œil ; alors tu verras clair pour retirer la paille qui est dans l'œil de ton frère.' Luc 6,39-42.

La situation des autres nous paraît simple.
La solution aux problèmes d'autrui nous paraît évidente.
Il n'y a qu'à…
Nous jugeons, nous décidons, nous affirmons, nous condamnons à partir de notre point de vue, de notre satisfaction de nous-mêmes, de notre confort personnel, de notre propre estime. Considérant notre réussite, les autres se trouvent en position d'infériorité. De la hauteur de notre piédestal, notre regard devient méprisant.

Nous sommes des aveugles prétentieux avec la volonté de conduire ceux que nous jugeons aveugles.

L'autre, notre frère, notre sœur en humanité, a sa propre personnalité, sa propre identité. Nous sommes uniques. Avec notre passé, nos gènes, notre histoire, notre caractère, notre volonté. Avec nos expériences, nos échecs, nos réussites. Avec nos limites, nos souffrances, nos frustrations, nos traumatismes. Avec nos espoirs, nos projets, nos certitudes, nos convictions, nos croyances.

Tout homme, toute femme est sacré. Toute personne doit être respectée dans sa dignité. Estimée dans sa capacité d'aimer. Dans sa détermination à grandir en humanité. Dans son aptitude à créer des liens de fraternité, des liens d'amitié.

Seuls, l'amour et l'humilité nous permettent de trouver les mots justes, les gestes adaptés, les paroles appropriées pour éveiller le désir de travailler ensemble à l'édification d'un monde plus humain.

Samedi

Jésus disait à ses disciples : 'Jamais un bon arbre ne donne de mauvais fruits : jamais non plus un arbre mauvais ne donne de bons fruits. Chaque arbre se reconnaît à son fruit : on ne cueille pas des figues sur des épines ; on ne vendange pas non plus du raisin sur des ronces.

L'homme bon tire le bien du trésor de son cœur qui est bon ; et l'homme mauvais tire le mal de son cœur qui est mauvais : car ce que dit la bouche, c'est ce qui déborde du cœur...' Luc 6,43-49.

Meurtres, Violences. Exactions. Vols. Escroqueries. Viols. Mépris. Blessures. Humiliations. Pauvretés. Faim.

Le mal fait partie de notre quotidien. L'homme n'est-il capable que de faire le mal ? L'homme n'est-il qu'un loup pour l'homme ? Devons-nous nous protéger, nous enfermer, nous barricader ? Avez-vous fermé votre porte, branché l'alarme, mis vos bijoux dans le coffre, baissé les volets ? Sommes-nous devenus méfiants, prudents, craintifs ? Avons-nous peur ?

Et si nous regardions l'autre. Celui qui nous paraît suspect. Celui que nous appréhendons. Celui dont nous nous méfions.

Regardons-le avec un a priori de bonté. Pas d'après son apparence. Pas d'après son physique, son habillement, son langage. Considérons-le dans son désir de vivre. Dans son espérance au bonheur. Dans sa recherche de relations. Considérons ses frustrations, ses échecs, ses déceptions. Aimons-le tel qu'il est. Tel que Dieu l'aime. Aimons le bien qui est en lui, enfoui, caché, dissimulé, mais néanmoins présent. Aimons Dieu présent en lui, agissant en lui. Voyons ses possibilités, ses espérances, ses souhaits, ses désirs.

Prions pour que le discernement le mette en projet. Pour que ses projets s'édifient pour son bien, pour sa réalisation, pour son humanisation.

Ayons foi en l'homme, en tout homme, en toute femme.
Parce que Dieu, lui, a foi en nous.

24ème semaine

Lundi

Après avoir parlé à la foule, Jésus entra dans la ville de Capharnaüm.
Un centurion de l'armée romaine avait un esclave auquel il tenait beaucoup ; celui-ci était malade, sur le point de mourir. Le centurion avait entendu parler de Jésus ; alors il lui envoya quelques notables juifs pour le prier de venir sauver son esclave...
Jésus était en route avec eux, et déjà il n'était plus loin de la maison, quand le centurion lui fit dire : 'Seigneur, ne prends pas cette peine, car je ne suis pas digne que tu entres sous mon toit. Moi-même, je ne me suis pas senti le droit de venir te trouver. Mais dis seulement un mot, et mon serviteur sera guéri. Moi qui suis un subalterne, j'ai des soldats sous mes ordres : à l'un, je dis : 'va', et il va ; à l'autre : 'viens', et il vient ; et à mon esclave : 'fais ceci', et il le fait.'
Entendant cela, Jésus fut dans l'admiration. Il se tourna vers la foule qui le suivait : 'Je vous le dis, même en Israël, je n'ai pas trouvé une telle foi !'
De retour à la maison, les envoyés trouvèrent l'esclave en bonne santé. Luc 7,1-10.

La parole peut être...
méchante,
réconfortante,

méprisante,
encourageante,
blessante,
consolante,
écrasante,
vivifiante
…

Depuis le cri du nouveau-né jusqu'au dernier soupir du mourant, la parole s'inscrit sur les lèvres. Elle exprime, elle dit, elle décrit, elle formule, elle révèle, elle informe…

Les prophètes sont des porte-paroles de Dieu. Leurs paroles et leurs gestes sont inspirés pour dire et faire saisir la Parole de Dieu. Par les prophètes, Dieu actualise son projet pour les hommes et il engage une modification du temps présent.

Jésus agit comme un prophète. Sa parole produit ce qu'elle annonce. Elle est vivante et efficace. Elle guérit, elle pardonne, elle réanime, elle apaise, elle transmet un pouvoir, elle perpétue sa présence.

Elle est actuelle. Elle est comprise par tout homme, par toute femme dans le monde. Elle est pour chacun de nous. Aujourd'hui. A chaque instant.

Ainsi se comporte ma parole du moment qu'elle sort de ma bouche : elle ne retourne pas vers moi sans résultat, sans avoir exécuté ce qui me plaît et fait aboutir ce pour quoi je l'avais envoyée. Esaïe, 55,11.

La parole est devenue chair. Jean 1,14.

Il est revêtu d'un manteau trempé de sang, et il se nomme : la Parole de Dieu. Apocalypse 19,13.

Mardi

Jésus se rendait dans une ville appelée Naïm. Ses disciples faisaient route avec lui ainsi qu'une grande foule. Il arriva près de la porte de la ville, au moment où l'on transportait un mort pour l'enterrer ; c'était un fils unique, et sa mère était veuve. Une foule considérable accompagnait cette femme.

En la voyant, le Seigneur fut saisi de pitié pour elle, et lui dit : 'Ne pleure pas'. Il s'avança et toucha la civière ; les porteurs s'arrêtèrent, et Jésus dit : 'Jeune homme, je te l'ordonne, lève-toi.' Alors le mort se redressa, s'assit et se mit à parler. Et Jésus le rendit à sa mère.

La crainte s'empara de tous, et ils rendaient gloire à Dieu : 'Un grand prophète s'est levé parmi nous, et Dieu a visité son peuple.' Et cette parole se répandit dans toute la Judée et dans les pays voisins. Luc 7,11-17.

« Le Seigneur a rappelé à lui l'âme de son serviteur, (de sa servante)... »

« Il a plu au Seigneur de rappeler à lui... »

Nous qui croyions que c'était son heure, que c'était sa destinée, que c'était écrit, que c'était le dessein de Dieu...

Voici que Jésus casse notre façon de voir les choses, notre façon de comprendre la mort comme une malédiction de Dieu, comme une punition de Dieu, comme la main vengeresse de Dieu, comme la volonté de Dieu.

Voici que Jésus rend la vie au jeune homme. A cause de sa mère. Une veuve. Un deuxième deuil. Insupportable pour elle. Insupportable pour Dieu.

Alors, il fallait rendre le fils à sa mère et la mère à son fils. Il fallait rendre le fils à la tendresse de sa mère et la mère à la tendresse de son fils.

Et Dieu est tendresse :
'Jeune homme, je te l'ordonne, lève-toi.'

Mercredi

Après avoir fait l'éloge de Jean Baptiste, Jésus disait aux foules : 'A qui donc vais-je comparer les hommes de cette génération ? A qui ressemblent-ils ? Ils ressemblent à des gamins assis sur la place, et qui s'interrogent entre eux : 'Nous avons joué de la flûte pour vous, et vous n'avez pas dansé. Nous avons fait des lamentations, et vous n'avez pas pleuré.'

En effet, Jean Baptiste est venu ; il ne mangeait pas de pain, il ne buvait pas de vin, et vous dites : 'Il est possédé du démon.' Le Fils de l'homme est venu ; il mange et il boit, et vous dites : 'Voici un glouton et un buveur, ami des publicains et des pécheurs.'

Mais la Sagesse de Dieu a été traitée avec justice par tous ceux qui sont ses enfants. Luc 7,31-35.

Nous vous annonçons l'amour, et vous préférez la haine.
Nous vous annonçons la joie, et vous préférez la tristesse.
Nous vous annonçons la lumière, et vous préférez l'obscurité.
Nous vous annonçons la réconciliation, et vous préférez la discorde.
Nous vous annonçons la vérité, et vous préférez le mensonge.

L'annonce de l'Evangile rencontre l'indifférence, le refus, le rejet et les attaques de toutes espèces.

Celui qui l'entend considère le porteur de la Bonne Nouvelle. Si celui-ci est crédible. Si sa vie est conforme à ce qu'il annonce. S'il rayonne la joie et la paix, l'amour et la réconciliation.

Comment annoncer un Dieu de vérité, si nous sommes dans le mensonge et la manipulation ? Comment annoncer un Dieu d'amour si nous méprisons nos frères ? Comment annoncer un Dieu de pardon si nous entretenons la rancune et l'hostilité ?

Vivons l'Evangile et ses exigences en vérité. Gardons-nous de tout jugement. Demeurons dans la prière. Laissons-nous travailler par Dieu.

Alors l'Evangile se reflètera sur notre visage et dans notre vie. Il s'annoncera de lui-même dans notre famille, dans notre environnement, dans notre milieu de travail.

Dieu est à l'œuvre, patiemment, humblement, efficacement, dans le quotidien de nos vies.

Jeudi

Un pharisien avait invité Jésus à manger avec lui. Jésus entra chez lui et prit place à table. Survint une femme de la ville, une pécheresse. Elle avait appris que Jésus mangeait chez le pharisien, et elle apportait un vase précieux plein de parfum. Tout en pleurs, elle se tenait derrière lui, à ses pieds, et ses larmes mouillaient les pieds de Jésus. Elle les essuyait avec ses cheveux, les couvrait de baisers et y versait le parfum.

En voyant cela, le pharisien qui avait invité Jésus se dit en lui-même : 'Si cet homme était prophète, il saurait qui est cette femme qui le touche, et ce qu'elle est : une pécheresse.'

Jésus prit la parole : 'Simon, j'ai quelque chose à te dire. – Parle, Maître.' Jésus reprit : 'Un créancier avait deux débiteurs ; le premier lui devait cinq cents pièces d'argent, l'autre cinquante. Comme ni l'un ni l'autre ne pouvait rembourser, il remit à tous deux leur dette. Lequel des deux l'aimera davantage ?' Simon répondit : 'C'est celui à qui il a remis davantage, il me semble. – Tu as raison', lui dit Jésus.

Il se tourna vers la femme, en disant à Simon : 'Tu vois cette femme ? Je suis entré chez toi, et tu ne m'as pas versé d'eau sur les pieds. Elle, elle les a mouillés de ses larmes et essuyés avec ses cheveux. Tu ne m'as pas embrassé ; elle, depuis son entrée, n'a cessé d'embrasser mes pieds. Tu ne m'as pas versé de parfum sur la tête ; elle, elle m'a versé un parfum précieux sur les pieds. Je te le dis : si ses péchés, ses nombreux péchés sont pardonnés, c'est à cause de son grand amour. Mais celui à qui on pardonne peu, montre peu d'amour.'

Puis il s'adressa à la femme : 'Tes péchés sont pardonnés.'

Les invités se dirent : 'Qui est cet homme, qui va jusqu'à pardonner les péchés ?'

Jésus dit alors à la femme : 'Ta foi t'a sauvée. Va en paix !'
Luc 7,36-50.

Elle n'en pouvait plus.
Sa vie la décevait. Elle était en désaccord avec elle-même. Un dégoût amer l'envahissait. Ses nuits n'étaient que tourments et angoisses.

Les matins sans joie. Une fatigue de vivre. Un tunnel sans fin. Un puits sans fond. La tristesse. Les regrets. Pas d'issue.

Et pourtant, le prophète de Galilée apportait la joie à ceux qui l'approchaient. Ses paroles apportaient l'espérance à ceux qui les écoutaient. Sa présence apportait le réconfort à ceux qui l'entouraient. Son regard apportait la paix à ceux qui le rencontraient.

Il fallait donc s'approcher de lui. Sûr que la foule le protègerait et la rejetterait. Il fallait choisir le bon moment.

Alors, elle a osé. Elle a rusé. Elle s'est jetée à ses pieds. Ses larmes ont coulé.

Jésus a baissé les yeux et l'a regardée. Elle sentait son regard posé sur elle. Un regard doux et pénétrant, apaisant et guérissant. Elle se savait estimée, appréciée, aimée. Elle renaissait. Elle ressuscitait. Elle revivait. Un fleuve d'eau vive coulait en elle. Une paix comme un coucher de soleil. Une fraîcheur comme une aurore. Une force comme un rayon de soleil.

Elle voulait demeurer ainsi, comme lorsque la prière devient intimité avec Dieu. Elle voulait rester avec lui comme lorsqu'enfin on trouve le bonheur. Elle voulait le suivre comme lorsqu'on trouve un chemin lumineux.

Jésus lui dit : 'Tes péchés sont pardonnés.' Elle le savait déjà, c'est pour les autres, qu'il dit cela. Pour Simon le pharisien et tous les autres. Car, déjà elle avait acquiescé à sa réconciliation. Déjà elle avait ressenti la tendresse de Dieu. Déjà elle avait retrouvé la joie et la paix.

Il fallait à présent conserver ce bonheur. Vivre cette présence de Dieu en elle. Demeurer dans la paix. Laisser Dieu poursuivre son travail. Et être heureuse.

Vendredi

__Jésus passait à travers villes et villages, proclamant la Bonne Nouvelle du Règne de Dieu. Les Douze l'accompagnaient, ainsi que des femmes qu'il avait délivrées d'esprits mauvais et guéries de__ *leurs maladies : Marie, surnommée Madeleine, Jeanne, femme de Kouza, l'intendant d'Hérode, Suzanne, et beaucoup d'autres, qui les aidaient de leurs ressources.* Luc 8,1-3.

Elles sont là, silencieuses, discrètes. Elles font les gestes appropriés. Elles disent les paroles espérées. Elles sont présentes pour apaiser. Pour consoler. Pour soulager. Pour encourager.

Les femmes suivent Jésus, mais on ne les remarque pas. Elles ont de la volonté. Elles ont du caractère. Elles accompagnent Jésus au Calvaire. Elles se tiennent près de la Croix. Elles rencontrent le Ressuscité au matin de Pâques.

Ensuite, on ne reconnaît plus leur efficacité, leur sensibilité, leur enthousiasme, leur empressement à servir, leur capacité à enseigner, leur générosité à aimer.

Les hommes ont fait carrière dans la hiérarchie de l'Eglise. Ils ont brigué les plus hautes fonctions. Ils occupent les postes-clefs. Ils ont tranché, jugé, condamné. Ils ont imposé leur autorité. Ils se sont trompés !

Et l'Evangile doit être annoncé.

Samedi

Comme une grande foule se rassemblait et que de toutes les villes on venait vers Jésus, il dit en parabole :

'Le semeur est sorti pour semer. Comme il semait, une partie du grain tomba au bord du chemin, il a été piétiné, et les oiseaux du ciel l'ont mangé.

Une autre partie du grain tomba sur le roc ; quand il a levé, il s'est desséché faute d'humidité.

Une autre partie tomba aussi au milieu des épines, et en poussant avec lui, les épines l'ont étouffé.

Et une autre partie est tombée sur la bonne terre, et en poussant, elle a produit du fruit au centuple.'

Jésus s'écriait : 'Celui qui a des oreilles pour entendre, qu'il entende !'

Les disciples lui demandèrent le sens de cette parabole. Il leur dit : 'Il vous a été donné de connaître les mystères du Royaume de Dieu. Aux autres on parle en paraboles, afin qu'ils voient sans voir et qu'ils entendent sans comprendre.

Voici le sens de la parabole. La semence, c'est la parole de Dieu.

Ceux qui sont au bord du chemin sont ceux qui ont entendu ; ensuite le diable survient et il enlève la Parole de leur cœur pour empêcher qu'ils ne croient et soient sauvés.

Ceux qui sont sur le roc sont ceux qui accueillent la Parole avec joie quand ils l'entendent, mais ils n'ont pas de racines : ils ne croient que pour un moment, et au moment de l'épreuve ils abandonnent.

Ce qui tombe dans les épines sont ceux qui entendent, mais en cours de route ils sont étouffés par les soucis, les richesses et les plaisirs de la vie, et ils n'arrivent pas à maturité.

Et ce qui est dans la bonne terre sont ceux qui, ayant entendu la Parole dans un cœur droit et bon, la retiennent et portent du fruit à force de persévérance.' Luc 8,4-15.

Bien sûr, le semeur désire le rendement. Alors, il sème à tout vent. Il ne craint pas les pertes ni le gaspillage. Il sème avec enthousiasme. La plus petite motte de terre reçoit une poignée de graines. « Si on n'essaye rien, on n'a rien ! » Le semeur est confiant. Il confie la graine à la terre. Est-elle sablonneuse, argileuse ou limoneuse ? Est-elle rocailleuse ou marécageuse ? Peu importe. Elle reçoit la même quantité de graines.

Ce soir, lorsque le semeur se reposera, il pensera à ses petites graines et à cette terre. Graine et terre. Complices. Associées. Partenaires. L'une vient en aide à l'autre. La terre reçoit la graine en son sein. Dans la chaleur et l'humidité, la graine fait germer son fruit.

Il y aura de la perte, c'est vrai. Certaines graines mourront. Mais après la récolte, le semeur reviendra. Il sèmera à nouveau la graine avec la même générosité. Et la terre la recevra. Peut-être donnera-t-elle du fruit ?

Dieu sème des paroles de vie.
Sommes-nous une bonne terre ?

25ème semaine

Lundi

Jésus disait à ses disciples : 'Personne n'allume une lampe pour la recouvrir d'un vase ou la mettre sous un lit. Au contraire, on la met sur le lampadaire afin que ceux qui entrent voient la lumière. Car il n'y a rien de caché qui ne soit ensuite découvert, rien de secret qui ne soit ensuite connu et amené au grand jour.
Soyez attentifs à la manière dont vous écoutez, car, si quelqu'un possède, on lui donnera, et si quelqu'un ne possède rien, on lui enlèvera même ce qu'il croit posséder.' Luc 8,16-18.

L'Occident a connu le Siècle des Lumières (18ème siècle). Ce fut un grand courant de pensée fondé sur l'humanisme, la philosophie et l'apport des sciences physiques. Les universités étaient des centres actifs d'éveil de l'esprit critique, de la liberté spirituelle et la tolérance religieuse. Elles ont été confrontées à la tradition, à l'absolutisme de l'Etat et de l'Eglise. Les principaux représentants furent : E. Kant (1724-1804), F. M. Arouet dit Voltaire (1694-1778), J.-J. Rousseau (1712-1778), D. Diderot (1713-1784) et J. le Rond d'Alembert (1717-1783) (Encyclopédie).

La bonne nouvelle de l'Evangile est une vérité qui ne peut rester enfouie dans les bibliothèques. Elle doit être proclamée au grand jour. Sortir des recoins sombres pour apparaître en pleine lumière. Elle éclaire la conscience des hommes. Elle guide le discernement. Elle donne sens aux événements. Elle est la lumière de nos nuits. Le chemin de nos errements. L'espérance de nos découragements. La force de nos faiblesses. La joie de nos tristesses.

Le seul moyen de rendre l'Evangile présent dans le monde, c'est de le vivre. De le porter en soi. De l'expérimenter dans le quotidien de nos vies.

Alors il apparaîtra sur notre visage rayonnant la paix. Dans nos gestes, don de nous-mêmes. Dans nos paroles, reflets de l'âme habitée par Dieu.
L'Evangile est la lumière
qui traverse les siècles.

Mardi

Comme Jésus parlait aux foules, sa mère et ses frères vinrent le trouver, mais ils ne pouvaient pas le rejoindre à cause de la foule. On lui annonça : 'Ta mère et tes frères sont là, dehors ; ils veulent te voir.'
Mais il leur répondit : 'Ma mère et mes frères, ce sont ceux qui entendent la parole de Dieu et la mettent en pratique.' Luc 8,19-21.

Voir, écouter, entendre font partie de la démarche de la foi. Voir, est réservé au face à face à notre mort. Ecouter ou entendre, c'est ici et maintenant.

L'écoute est une action. L'écoute attentive exige de la compréhension et de l'accueil.

Ecouter, c'est…
me fier, au lieu de me tenir sur mes gardes ;
être docile, au lieu d'être récalcitrant ;
me laisser persuader, au lieu de me rebeller ;
me soumettre, au lieu de résister.

Ecouter, c'est garder les paroles de Jésus et les mettre en pratique. Garder, non comme on garde un trésor dans un coffre, mais une garde active par la méditation, la connaissance, la recherche, la prière. Garder la parole vivante. Agissante. Performante. Avec sa capacité de convertir notre quotidien. Avec sa force de transformer notre vie. Avec l'efficacité de nous ajuster au projet de bonté de Dieu.

Entendre la Parole de Dieu, et la mettre en action pour notre bonheur et pour le bonheur des hommes.

Mercredi

Jésus, ayant réuni les Douze, leur donna pouvoir et autorité pour chasser tous les démons et pour guérir les maladies. Il les envoya proclamer le Royaume de Dieu et faire des guérisons.
Et il leur dit : 'N'emportez rien pour la route : ni bâton, ni sac, ni pain, ni argent, ni tunique de rechange. Et quand vous avez trouvé l'hospitalité dans une maison, restez-y jusqu'à votre départ. Si l'on refuse de vous accueillir, sortez de cette ville, et secouez la poussière de vos pieds pour témoigner contre ses habitants.'
Ils partirent donc, allèrent de village en village, annonçant la Bonne Nouvelle et faisant partout des guérisons. Luc 9,1-6.

Rien dans les mains. Rien dans les poches.

Mais le cœur rempli de bonté. Le visage, reflet de la lumière de la Parole. Le silence pour écouter la souffrance. Les mains pour apporter la douceur de la tendresse de Dieu. Les pieds pour porter l'Evangile inlassablement, et dans l'urgence.

Alors, la face du monde retrouve l'espérance. La joie remplace la tristesse. Plus de rivalité. Plus de colère. Plus de mépris. Plus de pauvres. Le Royaume de Dieu s'établit dans la bonté. Dans la justice. Dans la fraternité. Dans le bonheur. Dans le respect. Dans le partage. Dans la tolérance.

La paix devient universelle. L'amitié s'établit entre les peuples. Les plus riches aident les plus pauvres. La nourriture est partagée avec ceux qui ont faim. Tous ont accès à l'instruction et à la culture. La pratique des religions est libre et respectée. Tous bénéficient d'un logement décent. Un travail digne est offert à tous. Les aînés sont respectés… L'humanité atteint enfin son plein épanouissement.

Et les croyants s'émerveillent du travail accompli par Dieu et de l'efficacité de la Parole qui parle au cœur des hommes.

'C'est bien, bon et fidèle serviteur, tu as été fidèle en peu de choses, sur beaucoup je t'établirai ; viens te réjouir avec ton maître.' Matthieu 25,21.

'Soyez bon les uns pour les autres, ayez du cœur…' Ephésiens 4,32a.

Jeudi

Hérode, le prince de Galilée, apprit tout ce que faisait Jésus, et il ne savait que penser, car les uns disaient : 'C'est Jean Baptiste qui est ressuscité des morts' ; et d'autres : 'C'est Elie qui est reparu' ; d'autres encore : 'C'est un des anciens prophètes qui est ressuscité.'… Luc 9,7-9.

Deux mille ans plus tard, où en sommes-nous ?

Certains considèrent Jésus comme le fondateur d'une Eglise autoritaire et puissante. D'autres reconnaissent en Jésus le libérateur des hommes et des femmes en souffrance et sous l'oppression. Les uns voient en Jésus le religieux à l'origine du culte et des sacrements. Les autres présentent Jésus comme le guérisseur de tous nos maux et à qui sont destinées toutes les dévotions.

Et il y a Jésus de l'Evangile. Jésus, découvert à dose homéopathique. Jésus, dont la parole permet de lire les signes de la présence de Dieu dans notre vie. Jésus, dont la vie est un chemin d'humanisation par l'amour, la bonté, la réconciliation, la justice. Jésus dont les joies, les espoirs, le travail, les souffrances, la mort donnent sens à notre vie. Jésus dont la résurrection est l'affirmation d'une vie pleinement réalisée en Dieu.

Jésus se laisse découvrir dans la réalité de notre quotidien, dans l'intimité de la prière, dans la permanence de son action en chacun de nous.

Vendredi

Un jour, comme Jésus priait à l'écart, ses disciples étant avec lui, il leur demanda : 'Qui suis-je, d'après ce que disent les foules ?'

On lui répondit : 'Jean Baptiste ; pour d'autres un des anciens prophètes qui est ressuscité.'
Jésus reprit : 'Et vous, que dites-vous ? qui suis-je ?'
Pierre lui répondit : 'Le Messie de Dieu.'
Mais Jésus leur défendit sévèrement de le dire à personne. Il ajoutait : 'Il faut que le Fils de l'homme souffre beaucoup, soit rejeté par les anciens, les chefs des prêtres et les scribes, qu'il soit mis à mort, et qu'il ressuscite le troisième jour.' Luc 9,18-22.

Jésus ne fait pas un sondage pour connaître le taux de sa popularité.
Il ne désire pas savoir s'il plaît à ceux qui l'écoutent.
Il ne veut pas connaître le pourcentage des croyants.

Jésus demande…
s'il n'y a pas erreur sur sa personne ;
si ses paroles, ses gestes, ses actions sont reconnus comme étant de Dieu ;
si Dieu est bien perçu à travers sa manière d'être ;
si la perception que les gens ont de lui ne fait pas obstacle à la révélation de Dieu ;
si les miracles sont bien perçus comme la manifestation de la tendresse de Dieu.

Comme un bon enseignant, Jésus interroge : « Pour vous, qui suis-je ? Où en êtes-vous avec votre foi ? »

Parce que…
la mission dépend de la qualité de l'envoyé ;
la vérité enseignée est liée à la loyauté de l'enseignant ;
le visage de Dieu apparaît dans l'agir de Jésus.

Jésus, reconnu Messie de Dieu est bien Parole de Dieu, signe d'un Dieu aimant, soucieux des hommes et des femmes.

Et reconnaître Jésus, envoyé de Dieu…
c'est accorder foi à son enseignement ;
c'est accepter ses paroles comme étant Parole de Dieu ;
c'est permettre à l'Evangile de transformer notre quotidien ;
c'est trouver la joie en ajustant sa vie à l'enseignement de Jésus.

'C'est le Père, qui m'a envoyé.' Jean 12,49.
'Le Père est en moi, comme moi dans le Père.' Jean, 10,38.
'C'est le Père qui, demeurant en moi, accomplit ses propres œuvres.' Jean 14,10.

Jésus est Messie, envoyé de Dieu, porte-parole de Dieu, de tout son être.

Samedi

Comme tout le monde était dans l'admiration de tout ce que faisait Jésus, il dit à ses disciples : 'Pour vous, écoutez bien ce que je vous dis : le Fils de l'homme va être livré aux mains des hommes.'

Mais ils ne comprenaient pas ces paroles, elles leur restaient voilées, si bien qu'ils n'en saisissaient pas le sens ; et ils avaient peur de l'interroger à ce propos. Luc 9,43-45.

Il est difficile d'annoncer un Christ souffrant.
Il est difficile d'accepter un Christ crucifié.
Jésus, le juste, est déclaré coupable.
Jésus, le doux, subit la violence.
Jésus, porteur de vérité, est accusé par de faux témoins.
Jésus, respectueux de tous, est insulté.
Jésus, le miséricordieux, est condamné.
Jésus, le compatissant, est méprisé.

'Mais nous, nous prêchons un Messie crucifié, scandale pour les Juifs, folie pour les païens, mais pour ceux qui sont appelés, tant Juifs que Grecs, il est Christ, puissance de Dieu et sagesse de Dieu. Car ce qui est folie de Dieu est plus sage que les hommes et ce qui est faiblesse de Dieu est plus fort que les hommes. 1 Corinthiens, 1,23-25.

Dieu l'a ressuscité parce que Dieu est du côté…
des pauvres, des justes, des miséricordieux, des bons, des compatissants, des souffrants, des malades ;
de ceux qui vivent dans la vérité ;

de ceux qui pardonnent et réconcilient ;
de ceux qui aiment envers et contre tout ;
de ceux qui construisent la fraternité ;
de ceux qui veulent le bonheur de tous.

'Comme le Père m'a aimé, moi aussi, je vous ai aimés.' Jean 15,9.

                       Aimer à en mourir.
                       Amour, porteur de vie.

26ème semaine

<u>Lundi</u>

Une question se posa dans l'esprit des disciples : Lequel, parmi eux, pouvait être le plus grand ?

Jésus, voyant la question qu'ils se posaient, prit un enfant, le plaça près de lui, et leur dit : 'Celui qui accueille en mon nom cet enfant, c'est moi qu'il accueille ; et celui qui m'accueille accueille celui qui m'a envoyé. Car le plus petit d'entre vous tous, c'est lui qui est grand.'... Luc 9,46-50.

L'homme est orgueilleux, l'enfant est humble.
L'homme est autoritaire, l'enfant est doux.
L'homme est rancunier, l'enfant pardonne.
L'homme est indifférent, l'enfant compatit.
L'homme est cupide, l'enfant est généreux.
L'homme est opulent, l'enfant est pauvre.
L'homme est partial, l'enfant est juste.

    L'enfant est l'exemple du véritable disciple.
    Il est …
celui qui reçoit tout comme un cadeau ;
celui qui est dépendant de la bonté de Dieu ;
celui qui intègre dans sa vie l'enseignement de l'Evangile ;
celui qui aime sans retenue et sans condition ;
celui qui s'attriste d'avoir fait le mal ;

celui qui s'émerveille de la beauté des choses simples ;
celui qui s'applique à faire le bien ;
celui qui est heureux avec peu de choses ;
celui qui refuse le mensonge et l'imposture ;
celui qui fait de sa vie un espace pour Dieu ;
celui qui est attentif quand Dieu lui parle ;
celui qui suit Jésus avec une totale confiance ;
celui qui prie spontanément…
        Il y a l'enfant. Il y a Jésus. Il y a Dieu.
        Ressembler à un enfant, c'est accueillir Dieu.

<u>Mardi</u>

Comme le temps approchait où Jésus allait être enlevé de ce monde, il prit avec courage la route de Jérusalem. Il envoya des messagers devant lui ; ceux-ci se mirent en route et entrèrent dans un village de Samaritains pour préparer sa venue. Mais on refusa de le recevoir, parce qu'il allait à Jérusalem.

Devant ce refus, les disciples Jacques et Jean intervinrent : 'Seigneur, veux-tu que nous ordonnions que le feu tombe du ciel pour les détruire ?'

Mais Jésus se retourna et les réprimanda. Et ils partirent pour un autre village. Luc 9,51-56.

Ils rêvaient déjà de Croisades, Jacques et Jean. De Croisades, d'Inquisition et d'excommunications…
    Mais Jésus se retourna et les réprimanda.
Le Royaume de Dieu ne s'impose pas. Il n'est pas réglementé. Il n'est pas codifié.
    Jésus prit avec courage la route de Jérusalem.
La ville où meurent les prophètes.
C'est par l'amour que le Royaume de Dieu est annoncé.
C'est dans l'amour du prochain que le Royaume de Dieu s'installe.
C'est par l'amour des ennemis que le Royaume de Dieu est reconnu.

C'est dans chaque pas, dans chaque action, dans chaque parole que le Royaume de Dieu est présent.
C'est dans l'intensité d'amour, dans la densité de l'amour, dans la qualité de l'amour donné que le Royaume de Dieu est lumière.
C'est dans les gestes les plus simples que Dieu se rend visible au monde.

On n'annonce pas l'Evangile en condamnant.
On annonce l'Evangile en aimant.

Mercredi

Jésus montait vers Jérusalem. En cours de route, un homme lui dit : 'Je te suivrai où tu iras.'

Jésus répondit : 'Les renards ont des terriers, les oiseaux du ciel ont des nids ; mais le Fils de l'homme n'a pas d'endroit où reposer sa tête.'

Il dit à un autre : 'Suis-moi.' L'homme répondit : 'Permets-moi d'aller d'abord enterrer mon père.'

Mais Jésus répliqua : 'Laisse les morts enterrer leurs morts. Toi, va annoncer le Règne de Dieu.'

Un autre encore lui dit : 'Je te suivrai, Seigneur ; mais laisse-moi d'abord faire mes adieux aux gens de ma maison.'

Jésus lui répondit : 'Celui qui met la main à la charrue et regarde en arrière, n'est pas fait pour le Royaume de Dieu. Luc 9,57-62.

Peut-on être croyant et mépriser son prochain ?

Peut-on être croyant et s'enrichir aux dépens des autres ?

La foi demande de la cohérence. Elle s'exprime par notre manière de vivre. Si la foi éclaire notre vie, cela se confirme dans les actes que nous posons.

Et ne pas remettre au lendemain ! Une bonne nouvelle nous incite à la joie immédiate. La foi, la rencontre de Dieu, la Parole de Dieu perçue ont un résultat instantané.

La présence agissante de Dieu en nous est efficace. Elle est performante. Dès que nos obstacles sont levés. Dès que nous décidons de devenir des collaborateurs, des partenaires, des associés de Dieu.

D'ailleurs, pouvons-nous résister au bonheur d'être aimés de Dieu ? Et ce bonheur-là grandit et s'amplifie dans le temps. Alors, il ne nous reste plus qu'à nous émerveiller et à remercier Dieu d'une si grande joie.

'Mon âme exalte le Seigneur, et mon esprit s'est rempli d'allégresse à cause de Dieu, mon Sauveur, ...' Luc 1,46b-47.

Jeudi

Parmi ses disciples, le Seigneur en désigna encore soixante-douze, et il les envoya deux par deux devant lui dans toutes les villes et localités où lui-même devait aller.

Il leur dit : 'La moisson est abondante, mais les ouvriers peu nombreux. Priez donc le maître de la moisson d'envoyer des ouvriers à sa moisson. Allez ! Je vous envoie comme des agneaux au milieu des loups.

N'emportez ni argent, ni sac, ni sandales, et ne vous attardez pas en salutations sur la route. Dans toute maison où vous entrerez, dites d'abord : 'Paix à cette maison.' S'il y a là un ami de la paix, votre paix ira reposer sur lui ; sinon, elle reviendra sur vous. Restez dans cette maison, mangeant et buvant ce que l'on vous servira ; car le travailleur mérite son salaire.

Ne passez pas de maison en maison. Dans toute ville où vous entrerez et où vous serez accueillis, mangez ce qu'on vous offrira. Là, guérissez les malades, et dites aux habitants : 'Le Règne de Dieu est arrivé jusqu'à vous.' ... Luc 10,1-12.

Eglise du petit nombre. Eglise des fervents. Eglise des initiés. Eglise repliée sur elle-même. Eglise des sacrements. Eglise des dogmes. Eglise hors de la société. Eglise sans dialogue. Eglise qui a peur. Eglise sans enthousiasme. Eglise traditionnelle…

Et nous, où nous situons-nous ? Et où sont les jeunes ? Où sont les indignés, les déçus, les découragés ?

Notre foi nous questionne-t-elle ? Ou bien, sommes-nous devenus indifférents ?

Annoncer le Règne de Dieu, c'est d'abord le vivre en nous-mêmes. Et être heureux de le vivre. Le christianisme est la religion du bonheur. Oui, du bonheur ici et maintenant !

C'est l'assurance d'être habités par Dieu. Aimés de Dieu. Dieu qui conduit notre humanité à son plein développement. A sa pleine réalisation. A son plein accomplissement. Chaque homme est acteur, chaque femme est actrice, de sa réalisation par l'amour, dans l'amour des autres. Le bonheur, l'amour, qui se multiplient et se répandent à l'infini. C'est cela que nous devons annoncer. C'est ce que nous devons vivre.

Nous sommes porteurs de cette Bonne Nouvelle.
Elle est le plan de Dieu. Elle est le projet de Dieu.
Elle est le désir de son cœur.

Vendredi

Jésus disait : 'Malheureuse es-tu, Korazine ! Malheureuse es-tu, Bethsaïde ! Car, si les miracles qui ont eu lieu chez vous avaient eu lieu à Tyr et à Sidon, ces villes se seraient déjà converties en faisant pénitence sous le sac et la cendre. C'est pourquoi, au jour du jugement, Tyr et Sidon seront traitées moins sévèrement que vous.

Et toi, Capharnaüm, est-ce que tu seras élevée jusqu'au ciel ? Non, tu seras précipitée jusqu'au séjour des morts.

Celui qui vous écoute, c'est moi qu'il écoute ; celui qui vous repousse, c'est moi qu'il repousse ; et celui qui me repousse repousse celui qui m'a envoyé.' Luc 10,13-16.

Rien de nouveau sous le soleil.

Tous les pays, toutes les régions sont évangélisés. Et nous sommes indifférents à la Parole de Dieu. Comme si Dieu n'existait pas. Comme si Jésus n'était pas venu. Comme si l'Evangile était une fiction.

Faut-il un événement grave ou dramatique pour que nous nous ressaisissions ? Faut-il de l'émotion, du spectaculaire, du décorum, du spectacle pour attirer les foules ?

La première démarche de foi est une rencontre personnelle avec Dieu. Dans le secret du cœur. Dans le silence de l'habitation. Dans un dialogue avec soi-même. Dans la recherche de sens du vécu. Dans l'apprentissage de la lecture de l'Evangile. Dans la prière humble, simple, intense, vraie. Dans la bonté déployée autour de nous.

Et peut-être que plus tard, l'adhésion à une communauté vivante et accueillante sera demandée.

Samedi

Les soixante-douze disciples revinrent de mission tout joyeux. Ils racontaient : 'Seigneur, même les esprits mauvais nous sont soumis en ton nom.' Jésus leur dit : 'Je voyais Satan tomber du ciel comme l'éclair. Vous, je vous ai donné pouvoir d'écraser serpents et scorpions, et pouvoir sur toute la puissance de l'Ennemi, et rien ne pourra vous faire du mal. Cependant, ne vous réjouissez pas parce que les esprits vous sont soumis ; mais réjouissez-vous parce que vos noms sont inscrits dans les cieux.'

A cette heure même, il tressaillit de joie dans l'Esprit Saint et dit : 'Père, Seigneur du ciel et de la terre, je te loue : ce que tu as caché aux sages et aux savants, tu l'as révélé aux tout-petits. Oui, Père, tu l'as voulu ainsi dans ta bonté. Tout m'a été confié par mon Père, et personne ne sait qui est le Père, si ce n'est le Fils, et celui à qui le Fils veut le révéler.'... Luc 10,17-24.

Si le mal pouvait être arraché, extrait, évacué, éliminé.
Si le mal qui gangrène une vie pouvait être retranché.
Si le mal pouvait être dominé, maîtrisé, dompté.

Mal physique. Il a mal. Le mal s'aggrave. Le mal a le dessus. Le mal l'a terrassé. Le mal l'a affaibli. Le mal l'a tué.

Mal moral. Il a « tourné mal ». Il a mal réagi. Il a mal fait. Il a été mal influencé. Il se plaît dans le mal.

'Mais je pratique le mal que je ne veux pas.' Romains 7,19b.

'Pilate leur disait : 'Quel mal a-t-il donc fait ?' Marc 15,14a.

Le mal déstructure. Il divise. Il disperse. Il crée un sentiment de puissance. De domination. Il procure du plaisir. Il flatte notre ego. Il satisfait notre désir de blesser l'autre. De le soumettre. De l'écraser. De l'éliminer. De le faire disparaître. De le faire souffrir. Il surgit lorsque l'orgueil culmine. Lorsque l'envie est au maximum. Lorsque la jalousie est à son comble. Lorsque la cupidité est incontrôlable. Lorsque la colère explose. Lorsque la rancune a fait son chemin.

Quelle stratégie devons-nous mettre en place pour vaincre le mal ? Le bien ou le mal que nous faisons laissent leurs empreintes dans notre inconscient. Leur répétition crée un penchant, une facilité, une habitude.

Les actes de bonté tracent un chemin dont l'usage devient aisé. Alors, tournons tout notre être vers le bien. L'acte bon. La pensée bonne. La parole bonne.

'Ne te laisse pas vaincre par le mal, mais sois vainqueur du mal par le bien.' Romains 12,21.

'Ne vous lassez pas de faire le bien.' 2 Timothée 3,13b.

'Cher ami, ne prends pas exemple sur le mal mais sur le bien. Celui qui fait le bien est de Dieu, celui qui fait le mal ne voit pas Dieu.' 3 Jean 11.

'Rejetez donc toute méchanceté et toute ruse, toute forme d'hypocrisie, d'envie et de médisance.' 1 Pierre 22,1.

'Je ne te demande pas de les ôter du monde, mais de les garder du mauvais.' Jean 17,15.

'A vous grâce et paix de la part de Dieu notre Père et du Seigneur Jésus Christ, qui s'est livré pour nos péchés, afin de nous arracher à ce monde du mal, conformément à la volonté de Dieu, qui est notre Père.' Galates 1,3-4.

'Vous êtes forts, et la parole de Dieu demeure en vous, et vous êtes vainqueurs du Mauvais.' 1 Jean 2,14b.

'Veillez et priez afin de ne pas tomber au pouvoir de la tentation.' Marc 14,38a.

27ème semaine

<ins>Lundi</ins>

Pour mettre Jésus dans l'embarras, un docteur de la Loi lui posa cette question : 'Maître, que dois-je faire pour avoir part à la vie éternelle ?'

Jésus lui demanda : 'Dans la Loi, qu'y a-t-il d'écrit ? Que lis-tu ?' L'autre répondit : 'Tu aimeras le Seigneur ton Dieu de tout ton cœur, de toute ton âme, de toute ta force et de tout ton esprit, et ton prochain comme toi-même.'

Jésus lui dit : 'Tu as bien répondu. Fais ainsi et tu auras la vie. Mais lui, voulant montrer qu'il était un homme juste, dit à Jésus :

'Et qui donc est mon prochain ?'

Jésus reprit : 'Un homme descendait de Jérusalem à Jéricho et il tomba sur des bandits ; ceux-ci, après l'avoir dépouillé, roué de coups, s'en allèrent en le laissant à moitié mort.

Par hasard, un prêtre descendait par ce chemin ; il le vit et passa de l'autre côté. De même un lévite arriva à cet endroit ; il le vit et passa de l'autre côté.

Mais un Samaritain, qui était en voyage, arriva près de lui, il le vit et fut saisi de pitié. Il s'approcha, pansa ses plaies en y versant de l'huile et du vin. Puis il le chargea sur sa propre monture, le conduisit dans une auberge et prit soin de lui.

Le lendemain, il sortit deux pièces d'argent, les donna à l'aubergiste, en lui disant : 'Prends soin de lui ; tout ce que tu auras dépensé en plus, je te le rendrai quand je repasserai.'

Lequel des trois, à ton avis, a été le prochain de l'homme qui était tombé entre les mains des bandits ?'

Le docteur de la Loi répond : 'Celui qui a fait preuve de bonté envers lui.'

Jésus lui dit : 'Va, et toi aussi, fais de même.' Luc 10,25-37.

Un blessé au bord d'une route, les automobilistes ralentissent, regardent et repartent. Ils fuient. Ils s'enfuient.

Une jeune femme vient d'être agressée. Les passants s'arrêtent. « Quelqu'un a certainement appelé les secours. Inutile d'encombrer la ligne ! ». Et ils s'éloignent. La victime est restée sans soins pendant plusieurs heures.

Les ONG sont en difficultés financières. Les enfants meurent à Damas. Les femmes sont violées dans l'Est du Congo. Les civils sont tués au Mali.

On dénonce. On s'indigne. On regrette. Rien ne change. Le sang est répandu. La souffrance se multiplie. Les morts sont enterrés. Dans l'indifférence générale.

Dans la parabole de Jésus, le religieux change de trottoir. Mais l'étranger, lui, s'arrête. Prend le risque d'être brutalisé à son tour. Il donne les premiers soins avec compétence. Il prête sa monture pour le transport du blessé. Il le met en sécurité et veille à son rétablissement à l'auberge. Il paie tous les frais. Il demeure l'étranger anonyme. Ni son nom, ni son visage n'apparaîtront en première page des journaux et des magazines.

Pourquoi a-t-il agi ainsi ? Pour lui, à cause de sa pitié ? Pour plaire à Dieu ? Non. Uniquement pour l'inconnu blessé. L'inconnu en détresse. L'inconnu dans le besoin. Gratuitement. Avec bonté.

C'est l'amour de Dieu en action. C'est Dieu en action par les mains, par la bonté de ce Samaritain, reconnu comme hérétique par les religieux de Jérusalem.

Si Dieu est du côté de l'amour donné, il est aussi la victime blessée. L'enfant tué. La femme déshonorée. Le blessé oublié. Le pauvre trompé. Le vieillard abandonné. C'est Jésus souffrant. C'est l'humanité en péril.

'En vérité, je vous le déclare, chaque fois que vous l'avez fait à l'un de ces plus petits, qui sont mes frères, c'est à moi que vous l'avez fait !' Matthieu 25,40b.

'Quand j'aurais la foi la plus totale, celle qui transporte les montagnes, s'il me manque l'amour, je ne suis rien... L'amour prend patience, l'amour rend service, il ne jalouse pas, il ne plastronne pas, il ne s'enfle pas d'orgueil, il ne fait rien de laid, il ne cherche pas son intérêt, il ne s'irrite pas, il n'entretient pas de rancune, il ne se réjouit pas de l'injustice, mais il trouve sa joie dans la vérité. Il excuse tout, il croit tout, il espère tout, il endure tout. L'amour ne disparaît jamais...' 1 Corinthiens 13,1-13.

Alors, il faut pousser un cri et passer à l'action.
Vous, moi, chacun d'entre nous, selon sa situation !

<u>Mardi</u>

Alors qu'il était en route avec ses disciples, Jésus entra dans un village. Une femme appelée Marthe le reçut dans sa maison. Elle avait une sœur, nommée Marie, qui, se tenant assise aux pieds du Seigneur, écoutait sa parole. Marthe était accaparée par les multiples occupations du service.

Elle intervint et dit : ' Seigneur, cela ne te fait rien ? Ma sœur me laisse seule à faire le service. Dis-lui donc de m'aider.'

Le Seigneur lui répondit : 'Marthe, Marthe, tu t'inquiètes et tu t'agites pour bien des choses. Une seule est nécessaire. Marie a choisi la meilleure part : elle ne lui sera pas enlevée.' Luc 10,38-42.

Heures supplémentaires pour partir en vacances. Deuxième salaire pour rembourser les emprunts. Travail complémentaire pour maintenir son niveau de confort.

Jésus n'est pas un syndicaliste. Il n'exige pas la répartition des tâches. Il ne revendique pas l'égalité des travailleurs. Il ne demande pas le respect des heures de travail.

Il veut plus. Il veut que le temps de travail ne grignote pas le temps nécessaire pour donner le bonheur de vivre. Le temps nécessaire pour trouver le sens à sa vie. Le temps nécessaire pour rencontrer Dieu. Gagner l'argent pour vivre ne doit pas nous empêcher de vivre en plénitude.

Jésus a le souci du durable. Le travail répond aux besoins urgents, aux besoins immédiats : le gîte et le couvert. Jésus prend en charge la vie entière, la vie dans sa globalité. Parce que l'homme est plus que le besoin de nourriture. Plus que le besoin de logement. Plus que le besoin de santé.

L'homme a besoin de bonheur durable, à long terme. L'homme a besoin de vivre en accord avec lui-même et ajusté au projet de Dieu.

L'agitation quotidienne doit laisser un espace à l'homme pour se (re)trouver. Pour se (re)situer. Pour se (re)positionner par rapport à Dieu. Dans l'amour de Dieu. Dans la bonté de Dieu. Dans la vie de Dieu. Dans la paix de Dieu.

Cette vue des choses modifie nos choix et motive nos décisions d'une manière nouvelle et personnelle. Et elle est profitable à l'humain.

Inutile de mettre les petits plats dans les grands, parce que les choses simples, à la portée de tous, apportent le bonheur, le bonheur de Dieu.

Mercredi

Un jour, Jésus était en prière. Quand il eut terminé, un de ses disciples lui demanda : 'Seigneur, apprends-nous à prier, comme Jean Baptiste l'a appris à ses disciples.' Il leur répondit : 'Quand vous priez, dites : Père, que ton nom soit sanctifié, que ton règne vienne. Donne-nous le pain dont nous avons besoin pour chaque jour. Pardonne-nous nos péchés, car nous-mêmes nous pardonnons à tous ceux qui ont des torts envers nous, et ne nous soumets pas à la tentation.' Luc 11,1-4.

Père, que ton Nom soit rendu Saint.

De deux manières : par l'étendue de ton Règne et par la réalisation de ton projet d'amour dans l'humanité.

Le Règne de Dieu n'est pas en concurrence avec la place des hommes dans l'évolution du monde. Il n'y a pas deux intelligences qui s'opposent. Il n'y a pas deux volontés qui s'affrontent. Il n'y a pas deux amours qui rivalisent.

Dieu se réjouit des progrès humains. Des projets humains qui aboutissent au bonheur de tous. Les recherches médicales. Les prouesses sportives. Les avancées technologiques. La solidarité lors de catastrophes. Les efforts pour établir la paix. Le respect des minorités. Le partage du savoir. La collaboration entre les peuples.

Tout homme, toute femme, selon sa situation, selon sa compétence, participent non seulement à la construction du monde mais aussi au Règne de Dieu. Les mêmes valeurs y sont défendues. La foi en Dieu nous assure la pleine réalisation effective de ces valeurs : la bonté, la beauté, la vérité.

Le Royaume de Dieu est en chantier dans le monde en même temps que l'humanité entière.

Pourquoi prier ? Pour que tous nos efforts, tous nos travaux, aboutissent, se réalisent pleinement dans le projet à la fois humain et divin de la construction de l'humanité fraternelle, juste, paisible.

 Comme la levure dans la pâte, mélangée à la farine et à l'eau,
 l'homme fait grandir l'humanité et collabore au Règne de Dieu.

<u>Jeudi</u>

Jésus avait répondu à la demande de ses disciples : 'Apprends-nous à prier.'

Il leur dit encore : 'Si l'un de vous a un ami et va le trouver en pleine nuit pour lui demander : 'Prête-moi trois pains : un de mes amis arrive de voyage, et je n'ai rien à lui offrir.' Et si, de l'intérieur, l'autre lui répond : 'Ne m'ennuie pas ! Maintenant la porte est fermée ; mes enfants et moi, nous sommes couchés. Je ne puis pas me lever pour te donner du pain.'

Moi je vous l'affirme : même s'il ne se lève pas pour les donner par amitié, il se lèvera à cause du sans-gêne de cet ami, et il lui donnera tout ce qu'il lui faut.
Eh bien, moi, je vous dis : Demandez, on vous donnera ; cherchez, vous trouverez ; frappez, on vous ouvrira.
Celui qui demande, reçoit ; celui qui cherche, trouve ; et à celui qui frappe, on ouvrira.
Quel père parmi vous donnerait un serpent à son fils qui lui demande un poisson ? Ou un scorpion, quand il demande un œuf ?
Si donc vous, qui êtes mauvais, vous savez donner de bonnes choses à vos enfants, combien plus votre Père du ciel donnera-t-il l'Esprit Saint à ceux qui le lui demandent ?' Luc 11,5-13.

La prière de demande, ce n'est pas réciter une prière « magique » et obtenir ce que l'on désire après neuf jours ou vingt-et-un jours.

La prière de demande est une prière d'abandon. Une prière de totale confiance à Dieu. Une remise de notre vie entre les mains de Dieu. Avec amour. Sans résistances. Sans hésitations. « Ce que Tu veux, et cela me suffit. » Ce n'est pas aboutir à la solution de nos calculs intéressés. C'est un acte d'amour. D'amour pur. Désintéressé.

Une telle prière est toujours exaucée. Elle reçoit en réponse le signe de l'amour infini de Dieu. Et notre attachement à Dieu grandit. Il se consolide. Dans une complicité de vie avec Dieu.

Dieu présent, et rien de mauvais ne peut m'atteindre.

<u>Vendredi</u>

Comme Jésus venait de chasser un démon, certains des assistants dirent : 'C'est par Béelzéboul, chef des démons, qu'il expulse les démons.' D'autres, pour le mettre à l'épreuve, lui réclamaient un signe venant du ciel.
Mais lui, connaissant leurs pensées, leur dit : 'Tout royaume divisé contre lui-même est dévasté, ses maisons s'écroulent l'une sur l'autre. Si donc Satan est divisé contre lui-même, comment son royaume se maintiendra-t-il ? Vous dites que c'est par Béelzéboul

que j'expulse les démons. Or, si moi, j'expulse les démons par Béelzéboul, vos disciples, par qui les expulsent-ils ? C'est pourquoi ils seront vos juges...

Mais si c'est par le doigt de Dieu que j'expulse les démons, alors le règne de Dieu est arrivé pour vous

Quand un homme fort et armé garde sa demeure, ses richesses sont en sûreté. Mais s'il survient un homme plus fort qui triomphe de lui, il lui enlève les armes en lesquelles il mettait sa confiance, et il distribue ses dépouilles.

Celui qui n'est pas avec moi est contre moi ; celui qui ne rassemble pas avec moi, disperse...' Luc 11,15-26.

La pire chose qui puisse nous arriver, c'est faire le mal. C'est vouloir le mal. C'est être guidé par le mal. C'est être sous la domination du mal. C'est être soumis au mal.

Faire le mal à soi-même. Faire le mal à autrui. Par le geste. Par la parole. En utilisant un objet ou à mains nues. Avoir l'esprit préoccupé par le mal. Inventer le mal. L'appliquer. Imiter et répéter le mal qu'on a vu faire. Par jeu. Par colère. Par jalousie. Par sadisme. Par vengeance. Par moquerie. Par mépris. Par plaisir. Pour en tirer une satisfaction. Pour s'enrichir. Pour posséder. Pour dominer. Pour écraser. Pour humilier.

Le mal a des multiples facettes.

Il sépare ce qui unit. Il renverse ce qui est debout. Il oppose ce qui est semblable. Il méprise ce qui est noble. Il répand ce qui est faux. Il trompe ce qui est vrai. Il détruit ce qui est solide. Il tue ce qui est vivant. Il trouble ce qui est pur. Il blesse ce qui est sain. Il recouvre d'un voile ce qui est beau.

L'Esprit Saint, c'est le souffle de Dieu. C'est la respiration de Dieu. C'est la vie de Dieu. Celle qui anime les prophètes. Celle qui met sur leurs lèvres les paroles pour le monde.

L'Esprit Saint est le doigt de Dieu. Il possède la force de combattre le mal. Il possède l'efficacité pour lutter contre tout développement du mal, en nous et autour de nous. La vérité contre le mensonge. La douceur contre la violence. La patience contre la colère. La bonté contre la haine.

'Vous qui aimez le Seigneur, haïssez le mal !' Psaumes 97,10.

'Le Seigneur te gardera de tout mal, il gardera ta vie.' Psaumes 121,7.

'Ne te laisse pas vaincre par le mal, mais sois vainqueur du mal par le bien.' Romains 12,21.

'L'amour ne fait pas de mal au prochain.' Romains 13,10.

'Si donc vous, qui êtes mauvais, vous savez donner de bonnes choses à vos enfants, combien plus votre Père du ciel donnera-t-il l'Esprit Saint à ceux qui le lui demandent ?' Luc 11,13.

'Mais voici le fruit de l'Esprit : amour, joie, paix, patience, bonté, bienveillance, foi, douceur, maîtrise de soi... Si nous vivons par l'Esprit, marchons aussi sous l'impulsion de l'Esprit.' Galates 5,22-25.

<u>Samedi</u>

Comme Jésus était en train de parler, une femme éleva la voix au milieu de la foule pour lui dire : 'Heureuse la mère qui t'a porté dans ses entrailles, et qui t'a nourri de son lait !'

Alors Jésus lui déclara : 'Heureux plutôt ceux qui entendent la parole de Dieu, et qui la gardent !' Luc 11,27-28.

Dans les librairies, les étagères réservées aux ouvrages ésotériques sont surchargées. Mages. Gourous. Voyants. Conseillers. Médecins des âmes. Ils se bousculent aux vitrines et proposent leur gouvernance. Leurs prédictions. Leurs conseils. Leurs méthodes. Leurs miracles. L'efficacité est assurée. Le résultat est garanti. Le bonheur est promis.

Les livres de la Bible sont reliés en un seul volume. Deux parties : l'Ancien Testament : l'histoire d'un peuple en relation avec Dieu, et le Nouveau Testament : la révélation par Jésus d'un Dieu de tendresse. Ensuite, la vie des communautés issues de la révélation. Et c'est tout. Textes courts. Mots compréhensibles. Paroles inspirées. Présence de Dieu.

Simple. Trop simple peut-être, au point de vouloir chercher ailleurs. Dommage ! Parce que ces paroles-là sont celles de Dieu. Et elles sont vie et vérité.

'Elle est vivante, la parole de Dieu, énergique et plus coupante qu'une épée à deux tranchants ; elle pénètre au plus profond de l'âme, jusqu'aux jointures et jusqu'aux moelles ; elle juge des intentions et des pensées du cœur. Pas une créature n'échappe à ses yeux, tout est nu devant elle, dominé par son regard ; nous aurons à lui rendre des comptes.' Hébreux 4,12-13.

28ème semaine

Lundi

Comme la foule devenait de plus en plus nombreuse autour de Jésus, il se mit à dire : 'Cette génération est une génération mauvaise. Elle demande un signe, et il ne lui sera pas donné d'autre signe que celui de Jonas. En effet, de même que Jonas est devenu un signe pour les habitants de Ninive, ainsi le Fils de l'homme sera un signe pour les hommes de cette génération...' Luc 11,29-32.

Nous voulons des preuves. Nous voulons des certitudes. Nous hésitons. Nous cherchons ailleurs. Nous sommes attirés par l'exotique. Par l'étrange. Par l'extraordinaire. Par les beaux discours. Par les promesses. Par l'originalité. Par les expériences. La foi est vendue sur la place publique et nous faisons notre marché. Sessions de formations. Séminaires. Expériences occultes. Parapsychologie. Divination. Chemins d'errances. Chemins de traverses. Exploitations Commercialisations. L'homme se retrouve blessé. Dépressif. Isolé. Détruit.

On cherche la réponse en soi. La solution en soi. La fin en soi. Le but en soi. La réalisation en soi.

Alors que notre bonheur est dans le bonheur de l'autre. Il est dans la communion à l'autre.

Le bonheur de l'homme est dans le projet de Dieu. L'Evangile est bonheur. Chaque page de l'Evangile parle de bonheur, de réussite, de transformation, de remise debout, de retour à la vie, de réconciliations dans la joie, de guérisons, de paix, de résurrection...

Le prophète Jésus ne s'accapare pas. Il ne possède pas. Il ne domine pas. Il ne s'approprie pas. Il ne trompe pas. Il renvoie à Dieu. Il est la voix de Dieu. La parole de Dieu. Le geste de Dieu. L'amour de Dieu. Il est habité par Dieu.

Notre bonheur est là. Il est dans la complicité avec Dieu. Dans la cohabitation avec Dieu. Dans l'intimité avec Dieu.

Ne soyons plus errants sur cette terre. Attachons-nous aux pas de Jésus. Laissons-nous travailler par la bonté de Dieu. Et soyons heureux !

<u>Mardi</u>

Un pharisien invita Jésus à déjeuner chez lui. Jésus entra et se mit à table. Voyant cela, le pharisien s'étonna parce qu'il n'avait pas commencé par se laver avant le repas.

Le Seigneur lui dit : 'Ainsi donc, vous les pharisiens, vous nettoyez l'extérieur de la coupe et du plat, mais à l'intérieur vous êtes pleins de cupidité et de méchanceté. Insensés ! Celui qui a fait l'extérieur n'a-t-il pas fait aussi l'intérieur ? Donnez plutôt en aumônes ce qu'il y a dedans, et alors, pour vous, tout sera pur.'
Luc 11,37-41.

Chaque matin, la mère se lève une heure plus tôt pour préparer le déjeuner des enfants. Jus de fruits. Céréales. Chocolat. Lait. Pain. Confiture. Selon le goût et l'appétit de chacun. En partant au travail, le père déposera les enfants à l'école. Il sera sept heures cinquante.

La famille a créé un horaire journalier. Elle a ses habitudes. Elle a mis en place des rites. Des gestes répétés. Des actions toujours les mêmes.

Cependant, bien plus que cette succession de gestes et d'actions, il y a l'amour qui unit parents et enfants. L'amour donne sens. L'attention aux autres motive et rend ces contraintes légères. Et la joie de se savoir aimé se prolonge à chaque heure de la journée.

Il en est de même avec Dieu. La prière. La méditation de l'Evangile. La prise de conscience de la présence de Dieu. Le souci des autres. La compassion. Tout ce que nous faisons avec amour et détachement. Tout cela prend sens en Dieu. Tout cela trouve sa motivation en Dieu. Et notre réponse à la bonté de Dieu donne de la joie. Beaucoup de joie.

Mercredi

Jésus disait : 'Malheureux êtes-vous, pharisiens, car vous acquittez l'impôt de la dîme sur la menthe, la rue et toutes les herbes potagères, et vous omettez la justice et l'amour de Dieu. Il fallait pratiquer ceci et ne pas omettre cela.

Malheureux êtes-vous, pharisiens, car vous aimez le premier rang dans les synagogues et recevoir des salutations dans la rue.

Malheureux êtes-vous, car vous êtes comme des tombeaux qu'on ne voit pas, si bien que les gens marchent dessus sans le savoir.'

Alors un des docteurs de la Loi prit la parole : 'Maître, en parlant de la sorte, tu nous insultes, nous aussi.'

Mais Jésus lui dit : 'Malheureux êtes-vous, docteurs de la Loi, car vous chargez les hommes de fardeaux lourds à porter, alors que vous-mêmes ne touchez pas les fardeaux du doigt.' Luc 11,42-46.

On a cru qu'en imposant les pratiques religieuses, on « fabriquerait » de bons Chrétiens. Mais les temps ne sont plus à l'observance aveugle. A l'obéissance sans compréhension. A la soumission sans questionnement.

Et les églises sont vides.

Peut-être est-ce le temps de faire le parcours inverse. D'abord, rencontrer Dieu. Vivre l'Evangile au quotidien. Témoigner sa foi dans une communauté ouverte, accueillante et aimante ?

<u>Jeudi</u>

Jésus disait aux pharisiens et aux docteurs de la Loi : 'Malheureux êtes-vous, car vous bâtissez les mausolées des prophètes, et ce sont vos pères qui les ont tués ! Donc, vous êtes les témoins des actions de vos pères, et vous les approuvez : eux, ils ont tué, et vous, vous bâtissez !
C'est même pourquoi la Sagesse de Dieu a dit : 'Je leur enverrai des prophètes et des apôtres ; ils les tueront et les persécuteront.'...
Lorsque Jésus fut sorti, les scribes et les pharisiens commencèrent à s'acharner contre lui, et à le faire parler sur une foule de choses ; ils étaient à l'affut pour le prendre au piège dans ses paroles. Luc 11,47-54.

Nous sommes fascinés par les prophètes, personnages étranges aux comportements inquiétants et aux paroles souvent incompréhensibles. Nous les assimilons aux devins consultés pour savoir ce qui va arriver. Exemple : Nostradamus, historien et prophète.

Les prophètes d'Israël porte le nom de *nâvî'*, voyants, visionnaires, hommes de Dieu. Le prophète est capable de voir ce que les autres ne voient pas. « Homme de Dieu » s'applique spécialement à Elisée, Elie, Moïse, Samuel. Ils exercent individuellement, mais le plus souvent en groupe, autour du roi, au Nord et en relation avec les prêtres du Temple de Jérusalem au Sud. Esaïe et Michée insistent plus sur la contemplation (*hâzâh*) que sur la prophétie.

Les prophètes sont très critiques par rapport à la société, ce qui leur vaut de souffrir et même d'être mis à mort. Les relations avec les rois donnent lieu à des conflits de pouvoirs. Samuel et Saül (1Samuel

15). Natân et David (2 Samuel 12). Esaïe avec différents rois (Esaïe 3,12-15 ; 7 ; 39). Jérémie et Joiakim (Jérémie 22,13-19). Ezéchiel et Sédécias (Ezéchiel 17).

Mêmes conflits avec les prêtres. 1 Samuel 3 ; Amos 7,1-17 ; Osée 4,4 ; 6,9 ; Michée 3,11 ; Jérémie 2,8 ; 5,31 ; 6,13 ; 8,18 ; 23,11 ; Esaïe 28,7-13.

Les premiers prophètes apparaissent avec Samuel vers le 11ème siècle avant Jésus-Christ. L'action d'Amos et Osée, au 8ème s. Av. J-C s'étend à tous les domaines : dénonciation de l'idolâtrie, du culte mensonger, de l'injustice sociale... Avec l'exil à Babylone (586-538 av. J-C), se termine la période des prophéties de malheur ou de condamnation. Pendant l'exil, Ezéchiel et Esaïe encouragent avec les promesses du retour au pays, la reconstruction de Jérusalem, une vie de paix et de liberté sous l'autorité d'un descendant de David. Après l'exil commencent les prophéties de salut avec un appel à la pratique de l'amour et de la justice avec un accent sur l'espérance, (Esaïe 58,1-12) et la venue d'un grand prophète (1 Maccabées 4,46 ; Malachie 3,23). Cette espérance s'accomplit avec Jésus.

L'action de Jésus rappelle celle d'Elie ou celle d'Elisée. Sa parole et l'effet produit sont en rapport avec les prophètes du passé (Luc 24,19 ; Matthieu 13,57 ; Luc 13,33). Cependant, Jésus ne dit pas *'Oracle du Seigneur'* ou bien *'Ainsi parle le Seigneur'*, mais *'En vérité, en vérité je vous le dis...'* De plus, Jésus invite à le suivre et à croire en lui. Il se distingue donc radicalement des prophètes de l'Ancien Testament.

<u>Vendredi</u>

Comme la foule avait grossi par milliers, au point qu'on s'écrasait, Jésus se mit à dire, et d'abord à ses disciples : 'Méfiez-vous du levain des pharisiens : c'est l'hypocrisie. Il n'y a rien de caché qui ne soit destiné à être révélé, rien de secret qui ne soit destiné à être connu. C'est pourquoi tout ce que vous aurez dit dans l'obscurité sera entendu au grand jour ; tout ce que vous aurez dit à l'oreille, au fond de la maison, sera proclamé sur les toits.

Je vous le dis, à vous mes amis : ne craignez pas ceux qui tuent le corps et après cela ne peuvent plus rien faire. Je vais vous montrer qui vous devez craindre : craignez celui qui, après avoir tué, a le pouvoir de jeter en enfer. Oui, je vous le dis, craignez-le, celui-là…' Luc 12,1-7.

« Les Chrétiens ne sont pas meilleurs que les autres ! »

Hypocrisie. Fausseté. Duplicité. Dissimulation. Déloyauté. Fourberie Mensonge. Trahison. Tromperie.

Hypocrisie. Lorsque les paroles et les actes ne correspondent pas à la pensée. Déguiser, exprimer des opinions ou des sentiments qu'on n'a pas.

Les croyances et les pratiques religieuses sont vécues en société, sous le regard des non-croyants et des non-pratiquants. Nous rendons notre témoignage équivoque, incohérent, trompeur, en décalage avec notre pensée et avec notre foi. Nous avons tendance à vouloir conserver coûte que coûte l'image positive que les autres ont de nous-mêmes. Nous trichons. Nous désirons sauvegarder à tout prix une bonne réputation aux yeux des autres.

La foi est d'abord vérité. Justesse. Sincérité. Réalité. Loyauté. Cette vérité est vécue au quotidien. Humblement. Inlassablement. Le regard des autres nous permet d'affiner notre témoignage. De le rendre crédible. Plus fiable. Plus fidèle. Plus sûr. Plus certain. Plus vrai. Plus affirmé.

'Le but de cette injonction, c'est l'amour qui vient d'un cœur pur, d'une bonne conscience et d'une foi sincère.' 1 Timothée 1,5.

'Vous avez purifié vos âmes, en obéissant à la vérité, pour pratiquer un amour fraternel sans hypocrisie. Aimez-vous les uns les autres d'un cœur pur, avec constance.' 1 Pierre 1,22.

<u>Samedi</u>

Jésus disait à ses disciples : 'Je vous le dis : celui qui se déclarera pour moi devant les hommes, le Fils de l'homme se déclarera aussi pour lui devant les anges de Dieu.

Mais celui qui m'aura renié devant les hommes sera renié devant les anges de Dieu. Et celui qui dira une parole contre le Fils de l'homme, cela lui sera pardonné. Mais celui qui aura blasphémé contre le Saint-Esprit, cela ne lui sera pas pardonné.

Quand on vous conduira devant les synagogues, les magistrats et les autorités, ne vous tourmentez pas en vous demandant comment vous défendre et ce qu'il faut dire ; car le Saint-Esprit vous enseignera sur l'heure ce qu'il faut dire.' Luc 12,8-12.

Blasphémer. Injurier. Insulter. Maudire. Médire. Calomnier.

Le blasphème est un outrage en actes ou en paroles contre Dieu. Contre le nom de Dieu.

Pour parler de Dieu, la Bible utilise un tétragramme imprononçable : YHWH, dont l'étymologie est proche de *hayah*, « être ». Le verbe *hayah* ne vise pas la notion d'existence en tant que telle, mais il inclut un dynamisme, une action, une présence. Etre actif. Etre pour. Etre avec.

'Ils seront consacrés à leur Dieu et ils ne profaneront pas le nom de leur Dieu...' Lévitique 21,6.

Le blasphème est le principal acte d'accusation contre Jésus parce qu'il s'est attribué le pouvoir sur les péchés réservé à Dieu.

'Il blasphème. Qui peut pardonner les péchés, sinon Dieu seul ?' Marc 2,7.

'A celui que le Père a consacré et envoyé dans le monde vous dites : Tu blasphèmes, parce que j'ai affirmé que je suis le Fils de Dieu.' Jean 10,36.

Le blasphème contre l'Esprit-Saint consiste à attribuer au diable les exorcismes pratiqués par Jésus. Ou encore l'opposition à Dieu dans le pardon des péchés. Adopter cette attitude, c'est s'écarter du Dieu qui pardonne.

29ème semaine

Lundi

Du milieu de la foule, un homme demanda à Jésus : 'Maître, dis à mon frère de partager avec moi notre héritage.'

Jésus lui répondit : 'Qui m'a établi pour être votre juge ou pour faire vos partages ?'

Puis s'adressant à la foule : 'Gardez-vous bien de toute âpreté au gain ; car la vie d'un homme, fût-il dans l'abondance, ne dépend pas de ses richesses.'

Et il leur dit cette parabole : 'Il y avait un homme riche dont les terres avaient beaucoup rapporté. Il se demandait : Que vais-je faire ? Je ne sais pas où mettre ma récolte. Puis il se dit : Voici ce que je vais faire : je vais démolir mes greniers, j'en construirai de plus grands et j'y entasserai tout mon blé et tout ce que je possède.

Alors je me dirai à moi-même : Tu as des réserves en abondance pour de nombreuses années. Repose-toi, mange, bois, profite de la vie.

Mais Dieu lui dit : 'Tu es fou : cette nuit même, on te redemande ta vie. Et ce que tu auras mis de côté, qui l'aura ?'

Voilà ce qui arrive à celui qui amasse pour lui-même, au lieu d'être riche en vue de Dieu. Luc 12,13-21.

Nous sommes inquiets. Nous avons peur du lendemain. Peur de la maladie. Peur de la pauvreté. Peur de la perte d'emploi. Peur de l'inconfort. Peur de la fragilité. Peur de la vieillesse. Nous avons besoin d'être rassurés. L'argent amassé devient notre principale préoccupation. Nous pensons tout acheter. Nous croyons au pouvoir de l'argent. Nous croyons que l'argent peut nous assurer le bonheur.

Si l'argent représente notre sécurité, il ne peut rien face à la mort. Nous n'emportons rien avec nous. Rien ? Seul le bien qu'on a fait subsiste. L'amour seul demeure. Nous avons besoin de l'amour donné pour reconnaître Dieu-Amour. Nous avons besoin de l'amour semé au quotidien pour être reconnus dans le face à face avec Dieu.

Comment prétendre entrer et vivre dans l'amour et la tendresse de Dieu, si nous n'aimons pas à la manière de Dieu ?

Aimer, c'est donner sa vie. C'est donner la vie. Pour que les autres, tous les autres puissent vivre dans l'amour de Dieu. Pour toujours.

Mardi

Jésus disait à ses disciples : 'Restez en tenue de service et gardez vos lampes allumées.
Soyez comme des gens qui attendent leur maître à son retour des noces, pour lui ouvrir dès qu'il arrivera et frappera à la porte. Heureux les serviteurs que le maître, à son arrivée, trouvera en train de veiller. Vraiment, je vous le dis : il prendra la tenue de service, les fera passer à table, et les servira chacun à son tour. S'il revient vers minuit ou plus tard encore, et qu'il les trouve ainsi, heureux sont-ils !' Luc 12,35-38.

Nous attendons le bus ou le métro. Nous connaissons l'heure exacte de son passage. Ce temps d'attente est vide.

Une femme attend la naissance de son bébé. Les dernières semaines, les tâches sont multiples. Préparation de la chambre. Achat de vêtements. Choix du prénom... Les parents pensent intensivement au bébé. Ils en parlent. Ils l'annoncent. Ils l'aiment. Ils font des projets. Ils se réjouissent.

Concernant Dieu, notre attente est semblable à celle de cette femme. Nous croyons au face à face avec Dieu. A notre immersion dans son amour. Dans sa joie. Dans sa tendresse. Le temps présent est une attente active. Un apprentissage à l'amour infini. Chaque minute compte. Nous ne connaissons pas l'heure de la rencontre.

Est-ce aujourd'hui ? Ou demain ?
Restons en éveil. Dans l'amour des autres.

Mercredi

Jésus disait à ses disciples : 'Vous le savez bien : si le maître de maison connaissait l'heure où le voleur doit venir, il ne laisserait pas forcer sa maison.

Vous aussi, tenez-vous prêts : c'est à l'heure où vous n'y penserez pas que le Fils de l'homme viendra.'

Pierre dit alors : 'Seigneur, cette parabole s'adresse-t-elle à nous, ou à tout le monde ?'

Le Seigneur répond : 'Quel est donc l'intendant fidèle et sensé que le maître placera à la tête de ses domestiques pour leur donner, en temps voulu, leur part de blé ?

Heureux serviteur, que son maître, en arrivant, trouvera à son travail. Vraiment, je vous le déclare : il lui confiera la responsabilité de tous ses biens.

Mais si le même serviteur se dit : Mon maître tarde à venir, et s'il se met à frapper serviteurs et servantes, à manger, à boire et à s'enivrer, son maître viendra le jour où il ne l'attend pas et à l'heure qu'il n'a pas prévue : il se séparera de lui et le mettra parmi les infidèles…

A qui l'on a beaucoup donné, on réclamera davantage.' Luc 12,39-48.

Il y a de la désespérance.

On nous répète que Dieu est mort. On nous dit qu'il faut vivre sans Dieu. Nous sommes là à nous demander alors où est l'humain ? Où va l'humain ? Quel regard porter sur les vieillards en fin de vie ? Sur les malades condamnés ? Sur la fille rejetée parce qu'elle est enceinte ? Sur l'enfant méprisé parce qu'il a déçu ? Sur l'homme licencié parce qu'il n'en peut plus ? Sur toutes les souffrances ? Sur toutes les détresses ? Sur toutes les morts ? Sur tous les échecs ?

L'espérance est-elle interdite ? L'amour est-il ringard ? La tendresse est-elle une faiblesse ? La générosité est-elle inutile ? Non ! Mille fois non !

L'homme possède une puissance d'amour. Un surplus d'espérance. Une volonté inébranlable de se relever, encore et toujours. Dieu est au cœur de l'action. Il dynamise. Il renforce ce qui est fragile. Il donne la joie à tout regard triste. Il porte à l'héroïsme dans l'amour donné. Il renverse les préjugés et les a priori. Il construit son Royaume.

Et l'homme trouve son bonheur en Dieu.

Jeudi

Jésus disait à ses disciples : 'Je suis venu apporter un feu sur la terre, et comme je voudrais qu'il soit déjà allumé ! Je dois recevoir un baptême, et comme il m'en coûte d'attendre qu'il soit accompli !...' Luc 12,49-53.

Le feu se propage à la vitesse de l'éclair dans les broussailles et les forêts dont le sol est desséché par l'été torride.

Le jeune soldat a subi le baptême du feu avec son contingent sous la bannière de l'ONU en vue du maintien de la paix.

Feu. Baptême. Des images fortes dignes d'un prophète. Le prophète Jésus.

La bonne nouvelle de l'Evangile annoncée à l'humanité est un feu qui embrase. L'amour de Dieu est de cet ordre. L'humain plongé dans l'eau du baptême, dans le vie de Dieu, sort transformé, dynamisé, revêtu d'une puissance de vie. Noyé, il revit. Mort, il ressuscite à la vie.

Amour et vie. Dynamisme et éternité. Générosité dans la durée. Puissance d'amour à l'infini.

Il n'y a plus à désespérer. Seulement se laisser porter par l'amour de Dieu et le répandre dans le monde.

Vendredi

Jésus disait aux foules : 'Lorsque vous voyez un nuage s'élever au couchant, aussitôt vous dites : la pluie va venir, et c'est ce qui arrive.

Lorsque souffle le vent du sud, vous dites : il va faire chaud, et c'est ce qui arrive.

Esprits faux ! Vous savez reconnaître l'aspect de la terre et du ciel, comment ne savez-vous pas reconnaître le moment où nous sommes ?...' Luc 12,54-59.

Nous attachons si peu d'importance à la spiritualité. Nous sommes attirés par l'immédiat. Par ce qui est perçu. Par ce qui est matériel. Par ce qui est rentable à court terme. Par ce dont nous pouvons bénéficier à l'instant.

Dans l'échelle des besoins, nous nous arrêtons là. Nous ne montons pas plus haut.

La spiritualité nous apparaît incompréhensible. Inaccessible. Hors de portée. Inutile. Insignifiante.

Cependant, la spiritualité fait partie du développement humain. Elle élève l'humain. Elle donne un sens à l'humain. Elle le porte dans une perspective d'abondance. Joie abondante. Bonheur immense. Vie infinie.

La foi en Dieu dynamise l'action et la rend performante, efficace. La foi en Dieu renverse les obstacles. Apaise les angoisses. Oriente notre vie. Construit un monde plus juste, plus égalitaire, plus humain.

La foi en Dieu rend heureux. Très heureux !

<u>Samedi</u>

Un jour, des gens vinrent rapporter à Jésus l'affaire des Galiléens que Pilate avait fait massacrer pendant qu'ils offraient un sacrifice.

Jésus leur répondit : 'Pensez-vous que ces Galiléens étaient de plus grands pécheurs que tous les autres Galiléens, pour avoir subi un tel sort ?

Eh bien non, je vous le dis ; et si vous ne vous convertissez pas, vous périrez tous comme eux.

Et ces dix-huit personnes tuées par la chute de la tour de Siloé, pensez-vous qu'elles étaient plus coupables que tous les autres habitants de Jérusalem ?

Eh bien non, je vous le dis ; et si vous ne vous convertissez pas, vous périrez tous de la même manière.'

Jésus leur dit encore cette parabole : 'Un homme avait un figuier planté dans sa vigne. Il vint chercher du fruit et n'en trouva pas.

Il dit alors à son vigneron : 'Voilà trois ans que je viens chercher du fruit sur ce figuier, et je n'en trouve pas. Coupe-le. A quoi bon le laisser épuiser le sol ?'

Mais le vigneron lui répondit : 'Maître, laisse-le encore cette année, le temps que je bêche autour pour y mettre du fumier. Peut-être donnera-t-il du fruit à l'avenir ? Sinon, tu le couperas.' Luc 13,1-9.

La fatalité ! Il est décédé, c'était son heure ! Il a survécu, ce n'était pas son heure ! Dieu a rappelé à lui l'âme de son (sa) serviteur (servante)... C'est le bon Dieu qui l'a voulu ! Dieu châtie ceux qu'il aime...

Dieu veut-il la mort de l'homme ? Dieu veut-il sa souffrance, son malheur, son châtiment ?

Ce que nous ne maîtrisons pas, nous l'attribuons à Dieu. Ce qui nous échappe, ce que nous ne comprenons pas. Ce qui nous apparaît mystérieux, nous pensons que Dieu en est l'auteur.

Notre colère. Notre accusation. Notre révolte se tourne vers Dieu. Nous menaçons Dieu. Nous blasphémons. Dieu est coupable. Nous lui disons qu'il est l'auteur du mal. Qu'il crée le mal. Et nous le rejetons. Nous l'abandonnons. Et nous restons sans réponse à notre souffrance.

Dieu est et reste le Dieu patient. Bon. Aimant. Juste en bonté. Comment Dieu peut-il punir, puisqu'il est amour ? Comment Dieu peut-il faire souffrir, puisqu'il est bonté ?

« Si Dieu est bon, il n'aurait pas permis cela... ! »

Les parents peuvent-ils empêcher l'accident de la route à leur fils ? Leurs regrets, c'est peut-être de ne pas avoir sensibilisé leur grand garçon aux risques encourus ? C'est peut-être de ne pas avoir appris au fils à rouler avec prudence ? C'est peut-être de n'avoir pas eu avec leur enfant la conversation, le dialogue où s'expriment la crainte, la peur, l'amour et la confiance ? Les parents sont-ils mauvais pour autant ? Non !

Revenons au dialogue avec Dieu par la prière, par la méditation. Entrons dans sa manière d'aimer. Plongeons-nous dans le silence de sa présence.

Retrouvons la paix. Vivons la confiance.

Dieu est bonté.

30ème semaine

Lundi

Jésus enseignait dans une synagogue, le jour de sabbat. Il y avait là une femme, possédée depuis dix-huit ans d'un démon et ne pouvait pas se redresser complètement.

En la voyant, Jésus l'interpella : 'Femme, te voilà délivrée de ton infirmité.' Il lui imposa les mains et sur-le-champ elle se redressa, et se mit à rendre gloire à Dieu.

Le chef de la synagogue prit la parole, indigné de ce que Jésus ait fait une guérison le jour du sabbat : 'Il y a six jours pour travailler ; venez donc ces jours-là vous faire guérir et non le jour du sabbat !'

Le Seigneur lui répliqua : 'Esprits faux ! Chacun de vous, le jour de sabbat, détache de l'étable son bœuf ou son âne pour le mener boire. Alors cette fille d'Abraham, que Satan a immobilisée voici dix-huit ans, ne fallait-il pas la délivrer de ses liens le jour du sabbat ?'

Ces paroles remplissaient de confusion tous ses opposants, tandis que toute la foule était en joie des merveilles qu'il accomplissait. Luc 13,10-17.

Le dos courbé et…
on ne voit plus l'horizon,
on ne voit plus le regard de l'autre,

on ne voit plus les arbres en fleurs…

On regarde le sol. La terre. Les pas des hommes que l'on ne reconnaît pas. Les feuilles mortes, sans connaître la direction du vent. L'ombre qui grandit, sans jamais voir le soleil.

Dieu veut l'homme et la femme debout. Dressés pour affronter les difficultés de la vie. Forts pour combattre le mal. Pour aider et pour guérir. Un regard de bonté pour aimer.

Alors il fallait que Jésus redresse ce corps courbé. Ce corps déformé. Ce corps blessé. Il fallait que cette femme puisse croiser le regard de Jésus. Il fallait que cette femme puisse se tourner vers la vie. Il fallait que cette femme puisse s'émerveiller de la tendresse de Dieu.

Que peut faire la Loi face à l'amour ? Conflit inutile et perdu d'avance. L'amour est le plus fort. La vie est plus puissante.

Il fallait donc guérir, le jour de sabbat.

Et dire la tendresse de Dieu.

Mardi

Jésus disait : 'A quoi le règne de Dieu est-il comparable ? A quoi vais-je le comparer ? Il est semblable à une graine de moutarde qu'un homme a prise et plantée dans son jardin ; elle a poussé, elle est devenue un arbre, et les oiseaux du ciel ont fait leur nid dans ses branches.'

Jésus disait encore : 'A quoi vais-je comparer le règne de Dieu ? Il est semblable à du levain qu'une femme a enfoui dans trente litres de farine jusqu'à ce que toute la pâte ait levé.' Luc 13,18-21.

Et nous qui pensions que le matérialisme est incontournable. Au point de devenir la nouvelle religion. Nous pensions que l'efficacité, le rendement, la productivité en sont les commandements. Que les travailleurs en sont les serviles serviteurs. Que les consommateurs en sont les fidèles. Que l'argent est l'objectif de toutes les relations. Que le profit est le dieu à adorer. Que les prières passent dans les publicités. Que les célébrations ont lieu à la bourse des valeurs, sur les marchés, sur les autels des caisses enregistreuses, dans les réunions des actionnaires…

Le Royaume de Dieu est bien présent, dans le monde, dans l'humanité.

Il est vivant. Il grandit. Il progresse. En vérité. En amour. En espérance. En joie. En générosité. Gratuitement, il est offert. Librement, il est proposé. Amoureusement, il est donné.

Il naît dans la pénombre des baraques en tôles des bidonvilles. Il est présent sur les réseaux de communication. Il s'exprime dans les conférences, les enseignements, les témoignages.

Il est sur les lèvres des enfants, des catéchistes, des enseignants.

Il se donne dans les chambres des hôpitaux, dans les maisons de retraite, dans les centres d'accueil, dans les parloirs des prisons, dans les funérariums…

Il est le grain de blé. La tige frêle que l'on plante. Il est le chêne. Le hêtre.

Il est le sourire. Le regard. L'oreille attentive. La main tendue. Le temps donné. La parole offerte.

Partout, Dieu présent. Partout, la joie d'être aimé.
Partout, la certitude d'être habité.
Dieu-Amour.

<u>Mercredi</u>

Dans sa marche vers Jérusalem, Jésus passait par les villes et les villages en enseignant.

Quelqu'un lui demanda : 'Seigneur, n'y aura-t-il que peu de gens à être sauvés ?'

Jésus leur dit alors : 'Efforcez-vous d'entrer par la porte étroite, car, je vous le dis, beaucoup chercheront à entrer et ne le pourront pas. Quand le maître de la maison se sera levé et aura fermé la porte, et si vous, du dehors, vous vous mettez à frapper à la porte, en disant : 'Seigneur, ouvre-nous', il vous répondra : 'Je ne sais pas d'où vous êtes.' Alors vous vous mettrez à dire : 'Nous avons mangé et bu en ta présence, et tu as enseigné sur nos places.' Il vous répondra : 'Je ne sais pas d'où vous êtes. Eloignez-vous de moi, vous tous qui faites le mal.'... Luc 13,22-30.

La porte étroite, il faut souvent la chercher. Il faut être motivé. Il faut le désirer. Et lorsqu'on l'a trouvée, étant donné son étroitesse, sa petitesse, il faut abandonner ses bagages à l'extérieur.

C'est difficile parfois d'abandonner ses certitudes et de mettre sa confiance en Dieu. De céder son autorité et de s'en remettre à Dieu. D'abandonner certains projets et de laisser l'initiative à Dieu. De détruire les liens aux biens matériels et de choisir la liberté de Dieu. De quitter toute domination et de vivre l'humilité de Dieu.

Nous n'entrons pas par la porte étroite en coup de vent. Cela demande un travail intérieur. Un désir intense. Une persévérance soutenue.

Derrière cette porte, il y a l'accomplissement de l'humain, selon le cœur de Dieu.

<u>Fête de tous les saints</u>

Quand Jésus vit toute la foule qui le suivait, il gravit la montagne. Il s'assit, et ses disciples s'approchèrent. Alors, ouvrant la bouche, il se mit à les instruire. Il disait :
'Heureux les pauvres de cœur : le Royaume des cieux est à eux !
Heureux les doux : ils obtiendront la terre promise !
Heureux ceux qui pleurent : ils seront consolés !
Heureux ceux qui ont faim et soif de la justice : ils seront rassasiés !
Heureux les miséricordieux : ils obtiendront miséricorde !
Heureux les cœurs purs : ils verront Dieu !
Heureux les artisans de paix : ils seront appelés fils de Dieu !
Heureux ceux qui sont persécutés pour la justice : le Royaume des cieux est à eux !

Heureux serez-vous si l'on vous insulte, si l'on vous persécute et si on dit faussement toute sorte de mal contre vous, à cause de moi.
Réjouissez-vous, soyez dans l'allégresse, car votre récompense sera grande dans les cieux !' Matthieu 5,1-12.

Un miracle authentifié pour une béatification.

Un second miracle reconnu pour une canonisation.

Voilà l'examen de passage pour devenir un saint du calendrier.

Et nous ?

Nous nous estimons si petits devant ces gradés, ces décorés, ces privilégiés, ces promus.

Relisons le mode d'emploi. Examinons les critères auxquels nous pouvons répondre.

La pauvreté. Il y a certainement des choses à faire. Non pas vendre maison, meubles, voiture… Mais peut-être se limiter dans la valeur, dans le confort, dans l'utilité. Et puis, pourquoi ne pas mettre certains biens à la disposition des autres : location à prix modeste, covoiturage, repas partagés ?

La justice. Là, c'est un peu compliqué parce que la balance a tendance à pencher de notre côté. Alors, il est temps de penser aux autres. Egalité de tous les travailleurs. Partage du temps de travail. Participation à la vie associative. Respect du bien commun. Bénévolat…

La douceur. A ce sujet, nous sommes réticents. N'est-ce pas un signe de faiblesse, de fragilité ? Un motif de moquerie ?
Pourtant, la douceur est une force. La non-violence est efficace. Il faut l'essayer pour y croire.

Le pardon. La rancune, les reproches, la vengeance, la colère s'incrustent dans notre pensée, dans notre mémoire, dans nos paroles, dans nos actes. Et si nous commencions par trouver des circonstances atténuantes, des causes ayant pu créer la discorde. Si nous ouvrions le dialogue. Si nous formulions ce qui nous met en colère. Si nous comprenions les attitudes de l'un et de l'autre. Le pardon jaillit là où le désaccord prend sa source. Il remonte à l'origine du conflit. Il prend le temps nécessaire pour chaque phase de la mésentente. Il se construit jusqu'à son achèvement. Il renforce la relation et envisage l'avenir.

La pureté du cœur. Combien d'ombre en chacun de nous ? Combien de dissimulations ? Combiens d'efforts pour paraître ce que nous ne sommes pas ? Etre vrai nécessite un effort permanent. La vérité dans nos paroles, dans nos actes, dans nos attitudes. La recherche d'authenticité est notre motivation pour progresser dans le bien. Un accord entre ce que nous pensons et ce que nous faisons. Entre ce que nous disons et la générosité de notre cœur.

Faiseur de paix. Beaucoup de violence dans notre société. Beaucoup de conflits. Et nous refusons d'être mêlés aux disputes, alors que, en tant que tierce personne, nous pouvons jouer un rôle. Avec la qualité de neutralité, nous pouvons apporter les moyens d'un retour au calme, à la sérénité, à la paix. L'écoute des griefs de l'un, puis de l'autre. La rencontre des antagonistes où aucun ne perd la face. Où chacun est respecté et écouté. Où un compromis est trouvé. Sans qu'il y ait de perdant ni d'humilié. Il est bon alors de célébrer la paix retrouvée.

La compassion. Nous sommes parfois maladroits dans nos paroles exprimant notre sensibilité à la souffrance, au deuil, au bonheur des autres. Les mots sont vides. L'attitude est apprêtée. La mine est de circonstance. Il est cependant facile de laisser parler notre cœur. D'avoir les gestes, les paroles, le regard, sans artifices, avec franchise, avec spontanéité. Ne pas avoir honte de ses émotions, de ses sentiments. Communiquer. Communier. Etre vrai, intérieurement et extérieurement. Porter la souffrance de l'autre. Partager sa joie. En toute sincérité.

Béatitude – Bonheur,
ici, maintenant et toujours.

<u>Jeudi</u>

Quelques pharisiens s'approchèrent de Jésus pour lui dire : 'Sors d'ici et va-t'en, car Hérode veut te faire mourir.'

Jésus leur répondit : 'Allez dire à ce renard : Voici que je chasse les démons et que j'accomplis des guérisons, aujourd'hui et demain ; et le troisième jour, j'atteins mon achèvement. Mais aujourd'hui, demain et le jour suivant, il faut que je poursuive ma route, car il n'est pas possible qu'un prophète périsse hors de Jérusalem.

Jérusalem, Jérusalem, toi qui tues les prophètes et qui lapides ceux qui te sont envoyés, combien de fois j'ai voulu rassembler tes enfants, comme la poule rassemble sa couvée sous ses ailes, et vous n'avez pas voulu. Eh bien ! Votre maison vous sera laissée. Mais je vous le dis : vous ne me verrez plus jusqu'à ce que vienne le jour où vous direz : Béni soit celui qui vient au nom du Seigneur.' Luc 13,31-35.

Action d'intimidation d'Hérode. Pressions sur le prophète. Pour qu'il se taise. Parce que la parole est dangereuse. Elle est puissante. Elle a la force de convertir. De faire changer de conduite. De faire abandonner le mal. De faire pratiquer la bonté, la justice, le pardon, la vérité. De libérer de tous les liens, de toutes les entraves, de toutes les prisons.

Alors, bien sûr, nous résistons à la parole. Nous mettons des obstacles à son expansion. A son développement. A son efficacité. Parce que la jouissance nous suffit. Le plaisir nous satisfait. Jouissance et plaisir immédiats. A très court terme. Demain, l'argent, le pouvoir, l'autorité apporteront de nouveaux plaisirs. De nouvelles jouissances. Ainsi va la vie !

Jusqu'au jour où nous serons lassés. Fatigués. Ecœurés. Déprimés. Alors, peut-être viserons-nous plus haut. Dans la durée. Un bonheur de qualité. Une joie permanente.

Peut-être ouvrirons-nous l'Evangile ?
Peut-être ?

Vendredi

Un jour de sabbat, Jésus était entré chez un chef des pharisiens pour y prendre son repas, et ces gens l'observaient. Un hydropique était en face de lui.

Jésus prit la parole pour dire aux docteurs de la Loi et aux pharisiens : 'Est-il permis de guérir quelqu'un le jour du sabbat, ou non ?'

Ils gardèrent le silence.

Jésus prit le malade par la main, le guérit et le congédia.

Puis il leur dit : 'Lequel d'entre vous, si son fils ou son bœuf tombe dans un puits, ne l'en retire pas aussitôt, un jour de sabbat ?'

Et ils furent incapables de répondre à cela. Luc 14,1-6.

Deux points de vue. Deux compréhensions de Dieu.

Les pharisiens. Les purs. Les fidèles. Les soumis à la Loi. Les tatillons. Les fondamentalistes.

Jésus. Un commandement : l'amour. Amour de Dieu. Amour des hommes. Compassion et guérison. Pardon et libération. Révèle la tendresse de Dieu. Bonheur dès maintenant. Pleinement, dans l'infini de Dieu.

D'une part, le bonheur se mérite par l'observance de la Loi. D'autre part, le bonheur est donné, offert, dans l'amour et la tendresse de Dieu.

Un signe : la guérison de l'hydropique le jour de sabbat.
    L'amour est bien au-delà de la Loi.
        Et Dieu est Amour.

<u>Samedi</u>

Un jour de sabbat, Jésus était entré chez un des chefs des pharisiens pour y prendre son repas.

Remarquant que les invités choisissaient les premières places, il leur dit cette parabole : 'Quand tu es invité à des noces, ne va pas te mettre à la première place ; car on peut avoir invité quelqu'un de plus important que toi. Alors, celui qui vous a invités, toi et lui, viendrait te dire : Cède-lui ta place, et tu irais, plein de honte, prendre la dernière place.

Au contraire, quand tu es invité, va te mettre à la dernière place. Alors, quand viendra celui qui t'a invité, il te dira : Mon ami, avance plus haut, et ce sera pour toi un honneur aux yeux de tous ceux qui sont à table avec toi.' Luc 14,1.7-11.

Règle de bienséance. Protocole. Politesse en public. Savoir-vivre. Bien plus que cela, humilité.

L'humilité permet à l'homme de s'adapter à toutes les situations. D'entrer en relation avec les autres sans heurter, sans s'imposer, sans dominer, sans monopoliser. Avec douceur. Avec patience. Avec simplicité. Sans risquer le rejet ou la mise à l'écart.

La personne humble rencontre l'autre avec loyauté, avec tact, en vérité, en toute transparence. Elle prend le temps d'écouter, de réfléchir, de parler après les autres. Elle laisse aux autres la satisfaction de décider, de conclure. Elle ne fuit pas. Elle ne se dérobe pas. Elle sait être efficace.

Sa parole est respectueuse. Elle n'est pas autoritaire. Elle tient compte des avis émis. Des idées avancées. Elle fait progresser le débat avec des propositions pertinentes. Elle ne s'encombre pas de prestige, de fioritures. Elle ne dissimule rien. Elle va à l'essentiel.

La personne humble n'est pas le centre d'intérêt. Elle ne brille pas. Elle ne capte pas les regards. Elle est présente, simplement. Le regard attentif. Le visage accueillant. Elle répond à l'invitation. Elle est prête à aider. Aucune tâche ne la rebute.

31ème semaine

Lundi

Jésus prenait son repas avec les pharisiens. Il dit à celui qui l'avait invité : 'Quand tu donnes un déjeuner ou un dîner, n'invite pas tes amis, ni tes frères, ni tes parents, ni de riches voisins. Sinon, eux aussi t'inviteraient en retour, et la politesse te serait rendue.

Au contraire, quand tu donnes un festin, invite des pauvres, des estropiés, des boiteux, des aveugles ; et tu seras heureux parce qu'ils n'ont rien à te rendre : cela te sera rendu à la résurrection des justes.' Luc 14,12-14.

Réciprocité. Un prêté pour un rendu. Un retour de politesse. Il est bon de se faire des amis. D'avoir des relations. On ne sait jamais de quoi on peut avoir besoin !

Il est rare le geste gratuit. Le désintéressement. Le bénévolat. Si rare qu'il peut apparaître suspect. Ou bien que le bénéficiaire en abuse. Qu'il devienne exigeant, autoritaire.

Le temps donné. L'action gratuite. Le service rendu. Ils sont le signe de l'amour de Dieu. Du don de la vie de Jésus. Devenir pain donné pour les autres. Bon comme le pain ! Pour nourrir toutes les faims. En communion avec tous les affamés d'amitié, d'espérance, de joie, de paix, de réconciliation, d'écoute, d'attention, de compassion…

La pauvreté de l'autre, la détresse de l'autre,
la tristesse de l'autre, la souffrance de l'autre,
charges réparties, pour que le poids soit plus léger.

Mardi

Jésus était à table. Un des convives lui dit : 'Heureux celui qui prendra son repas dans le Royaume de Dieu !'

Jésus lui dit : 'Un homme donnait un grand dîner et il invita beaucoup de monde. Il envoya son serviteur, à l'heure du dîner, dire aux invités : Venez, tout est déjà prêt. Mais tous pareillement, se mirent à s'excuser. Le premier dit : J'ai acheté un champ, et il est nécessaire que j'aille le voir ; je t'en prie, excuse-moi. Un autre dit : J'ai acheté cinq paires de bœufs, et je vais les essayer ; je t'en prie, excuse-moi. Un autre dit : Je viens de me marier ; par conséquent je ne peux pas venir. Le serviteur revint rapporter cela à son maître.

Alors le maître de maison se mit en colère et dit à son serviteur : Va-t'en vite par les places et les rues de la ville, et amène ici les pauvres, les estropiés, les aveugles et les boiteux. Le serviteur lui dit : Maître, tes ordres ont été exécutés, et il y a encore de la place.' Le maître lui dit : Va par les routes et les jardins, et oblige les gens à entrer, afin que ma maison soit pleine. Car, je vous le dis : aucun de ces hommes qui avaient été invités ne prendra part à mon dîner.' Luc 14,15-24.

Ils ont égaré le carton d'invitation. Ou bien leurs agendas surchargés, ils ont fait des choix. Faire des affaires ou participer à un repas. Faire prospérer ses biens ou prendre du temps avec des amis. Privilégier des relations ou rencontrer des inconnus.

Il y a des choix à faire. Il y a des engagements à assumer. Il y a des décisions à prendre. Et nous avons de bonnes raisons de repli sur soi. Des arguments pour sauvegarder nos intérêts. Des motifs pour nous couper des autres.

Alors, Dieu, la foi, sont considérés comme étrangers à nos intérêts. La spiritualité est une perte de temps. Et même l'amour des autres est une dépense d'énergie inutile.

L'homme se perd dans le matériel, dans l'égoïsme, dans la possession.
Il oublie les valeurs. Le don de soi-même. La gratuité. La justice. La relation.
Il se disperse dans l'activisme. Dans la course au profit.
Il s'émiette dans de multiples tâches.
Il oublie son être.
Il erre dans le labyrinthe des sollicitations diverses.
Il se présente devant la mort, les mains pleines et le cœur vide.
La vie est passée. L'amour s'est présenté. Dieu frappait à la porte.
La joie s'est éteinte. L'homme s'est ruiné lui-même.
Le carton d'invitation est resté sans suite. Oublié. Abandonné. Ignoré.

'Voici, je me tiens à la porte et je frappe. Si quelqu'un entend ma voix et ouvre la porte, j'entrerai chez lui et je prendrai la Cène avec lui et lui avec moi.' Apocalypse 3,22.

Mercredi

De grandes foules faisaient route avec Jésus ; il se retourna et leur dit : 'Si quelqu'un vient à moi sans me préférer à son père, sa mère, sa femme, ses enfants, ses frères et sœurs, et même à sa propre vie, il ne peut pas être mon disciple. Celui qui ne porte pas sa croix et ne marche pas à ma suite, ne peut pas être mon disciple.

Quel est celui d'entre vous, qui veut bâtir une tour, et qui ne commence pas par s'asseoir pour calculer la dépense et voir s'il a de quoi aller jusqu'au bout ? Car s'il pose les fondations et ne peut pas achever, tous ceux qui le verront se moqueront de lui : Voilà un homme qui commence à bâtir et qui ne peut pas achever !

Et quel est le roi qui part en guerre contre un autre roi, et qui ne commence pas par s'asseoir pour voir s'il peut, avec dix mille hommes, affronter l'autre qui vient l'attaquer avec vingt mille ? S'il ne le peut pas, il envoie, pendant que l'autre est encore loin, une délégation pour demander la paix.

De même, celui d'entre vous qui ne renonce pas à tous ses biens, ne peut pas être mon disciple.' Luc 14,25-33.

Un choix suppose au moins deux possibilités. Il porte sur un jugement bon, bénéfique.

La foi en Dieu, la décision de vivre les valeurs évangéliques reposent sur un choix. Ce choix est assumé dans le quotidien de nos vies. Dans un environnement, dans une société, parmi des personnes qui librement n'ont pas fait ce choix. L'indifférence, l'opposition, la raillerie, la moquerie, la persécution, l'hostilité sont le poids d'une croix portée sur nos épaules.

Lorsque le témoignage par la parole est impossible, interdit, rejeté, il reste le témoignage par notre attitude. Par notre être. Par notre manière de vivre. Par la bonté. Par l'écoute. Par la patience. Par l'attention. Par le respect. Par l'empathie. Par la compassion. Par le service. Par la présence.

En cela, nous rejoignons Jésus. Nous suivons Jésus lorsqu'il guérissait les malades. Lorsqu'il rendait la vue aux aveugles. Lorsqu'il portait de l'estime aux lépreux. Lorsqu'il rendait la vie aux morts. Lorsqu'il apaisait les tourmentés. Lorsqu'il donnait de la dignité aux rejetés… Autant de signes de la bonté de Dieu. De la tendresse de Dieu.

La bonté est une attitude de prophète face à l'opposition. Le respect interpelle face au mépris. La douceur interpelle face à la violence. La justice interpelle face à l'arbitraire. La pauvreté interpelle face à la cupidité.

C'est dans l'oppression que nous mesurons la qualité de notre foi.
C'est par notre manière de vivre que nous témoignons l'Evangile.
C'est par notre être que se vérifie notre amour de Dieu.

Jeudi

Les publicains et les pécheurs venaient tous à Jésus pour l'écouter.
Les pharisiens et les scribes récriminaient contre lui : 'Cet homme fait bon accueil aux pécheurs et mange avec eux !'
Alors Jésus leur dit : 'Si l'un de vous a cent brebis et en perd une, ne laisse-t-il pas les quatre-vingt-dix-neuf autres dans le désert pour aller chercher celle qui est perdue, jusqu'à ce qu'il la retrouve ? Quand il l'a retrouvée, tout joyeux, il la prend sur ses épaules, et, de retour chez lui, il réunit ses amis et ses voisins ; il leur dit : Réjouissez-vous avec moi, car j'ai retrouvé ma brebis, celle qui était perdue !
Je vous le dis : on se réjouira de même dans le ciel pour un seul pécheur qui se convertit, plus que pour quatre-vingt-dix-neuf justes qui n'ont pas besoin de conversion.'…
De même, je vous le dis : on se réjouit chez les anges de Dieu pour un seul pécheur qui se convertit.' Luc 15,1-10.

Il y a les bons pratiquants. Les fidèles.
Il y a les Chrétiens du seuil. Du parvis.
Il y a ceux qui ont rejeté l'Eglise et le contenu de la foi.
Il y a ceux qui s'en remettent à d'autres pour les questions de foi, les questions éthiques, les questions de conscience.
Il y a ceux qui cheminent avec des remises en questions, avec des doutes, avec des questionnements, avec des recherches de sens.

Il y a le berger qui recherche sa brebis qui s'est éloignée. Qui s'est perdue. Et dont l'absence inquiète. Dont l'absence fait mal. Parce que le berger aime sa brebis. Il éprouve de la tendresse pour elle. Alors il se met à sa recherche.

Il cherche sur les chemins. Dans les fossés. Dans les ravins. Dans les buissons. Sur les collines. Dans les vallées. Près des rivières. Près des étangs. Il cherche le jour. Il cherche la nuit. Il n'a pas de repos. Il est angoissé. Il est tourmenté. Il a peur.

Il veut connaître le motif de son départ. Est-ce à cause du troupeau ? Est-ce à cause des chiens ? Est-ce à cause de la bergerie ? Est-ce à cause du berger ?
Peut-être cherche-t-elle le chemin du retour ? Peut-être erre-t-elle dans la nuit ? Peut-être a-t-elle été attaquée par le loup ? Peut-être ne désire-t-elle pas rentrer ?

Le berger continue sa recherche. Sans se lasser. Sans se décourager. Inlassablement. Avec amour. Avec confiance. Jusqu'à mourir d'épuisement là-haut sur la colline, entre deux brigands !

<u>Vendredi</u>

Jésus racontait à ses disciples cette parabole : 'Un homme riche avait un gérant qui lui fut dénoncé parce qu'il gaspillait ses biens. Il le convoqua et lui dit : Qu'est-ce que j'entends dire de toi ? Rends-moi les comptes de ta gestion, car désormais tu ne pourras plus gérer mes affaires.

Le gérant pensa : Que vais-je faire, puisque mon maître me retire la gérance ? Travailler la terre ? Je n'ai pas la force.

Mendier ? J'aurais honte. Je sais ce que je vais faire, pour qu'une fois renvoyé de ma gérance, je trouve des gens pour me recevoir.

Il fit alors venir, un par un, ceux qui avaient des dettes envers son maître. Il demanda au premier : Combien dois-tu à mon maître ? - Cent barils d'huile. Le gérant lui dit : Voici ton reçu ; vite, assieds-toi et écris cinquante. Puis il demanda à un autre : Et toi, combien dois-tu ? - Cent sacs de blé. Le gérant lui dit : Voici ton reçu, écris quatre-vingts.

Ce gérant malhonnête, le maître fit son éloge : effectivement, il s'est montré habile. Car les fils de ce monde sont plus habiles entre eux que les fils de la lumière.' Luc 16,1-8.

Ils ont plus d'un tour dans leur sac. Ils trichent. Ils falsifient. Ils trompent. Ils mentent. Ils escroquent. Ils dérobent...

Pourquoi ?

Pour s'enrichir. Pour vivre dans le luxe. Pour financer des actions illicites. Pour posséder des biens. Pour devenir puissants. Pour dominer. Pour paraître...

Ma foi en Dieu. Qu'ai-je à gagner ?

Le bonheur durable. Le bonheur dans la plénitude. Dès maintenant. Le bonheur en Dieu.

Alors pourquoi y a-t-il si peu de candidats ? Pourquoi si peu d'intérêt ?

Peut-être n'insistons-nous pas assez sur le bonheur présent ?

Peut-être doutons-nous de la tendresse de Dieu ?

Peut-être ne croyons-nous pas à la présence active de Dieu dans nos vies ?

Peut-être préférons-nous un petit bonheur acheté à un infini bonheur donné ?

      Sûrement, nous ne faisons pas le bon choix !

Samedi

Jésus disait à ses disciples : 'Faites-vous des amis avec l'Argent malhonnête, afin que, lorsqu'il viendra à manquer, ces amis vous reçoivent dans les demeures éternelles.

Celui qui est digne de confiance dans une petite affaire, est digne de confiance aussi dans une grande. Celui qui est malhonnête dans une petite affaire, est malhonnête aussi dans une grande. Si vous n'avez pas été dignes de confiance avec l'Argent malhonnête, qui vous confiera le bien véritable ? Et si vous n'avez pas été dignes de confiance pour des biens étrangers, le vôtre, qui vous le donnera ?

Aucun domestique ne peut servir deux maîtres : ou bien il détestera le premier, et aimera le second, ou bien, il s'attachera au premier, et méprisera le second. Vous ne pouvez pas servir à la fois Dieu et l'Argent.'... Luc 16,9-15.

Argent du travail. Argent du capital. Argent des intérêts. Argent gagné. Argent reçu. Argent donné. Argent offert. Argent des transactions. Argent du désir.

Argent, objet d'enrichissement. Argent, objet du plaisir.

L'argent se mêle à nos relations sociales. Il modifie la relation suivant la quantité possédée. Il modifie le regard selon la valeur des biens exposés.

Quel est notre rapport à l'argent ? Est-il un moyen, un but, un prétexte, un plaisir, une passion, un jeu, une nécessité ?

Sert-il à la réalisation de projets ? Est-il utilisé pour venir en aide ? Est-il thésaurisé, amassé pour le plaisir de le palper ? Est-il source de préoccupations ? Est-il un souci ?

L'argent s'impose à nous. Il s'invite. Il s'installe. Il s'incruste. Il prend le pouvoir. Il est autoritaire. Il devient dictateur. Il est indélogeable. Il vole notre liberté. Il nous emprisonne. Il nous étouffe. Il prend notre temps. Il s'accapare de notre vie.

Dieu est amour. Il accomplit l'humain. Il le conduit à sa réalisation. Il donne sa joie. Il donne sa paix. Il rend libre. Il rend heureux.

32ème semaine

Lundi

Les Apôtres dirent au Seigneur : 'Augmente en nous la foi !'
Le Seigneur répondit : 'La foi, si vous en aviez gros comme une graine de moutarde, vous diriez au grand arbre que voici : Déracine-toi, va te planter dans la mer, et il vous obéirait.' Luc 17,1-6.

Nous pouvons changer le cours des choses. Nous pouvons modifier la trajectoire des événements qui s'imposent à nous.

La foi en Dieu nous libère.
Elle libère l'action de Dieu en nous-mêmes.
Elle permet à la bonté de s'épanouir, de trouver sa pleine dimension.
Elle dilate notre cœur.
Elle suscite une force d'amour envers autrui.
Elle nous propulse dans l'espérance.
Elle fait planer la paix en nous et autour de nous.
Elle fait fleurir la joie.

Si la foi ne nous permet pas de déplacer les montagnes, elle nous donne la capacité de les franchir et de voir se lever la lumière éternelle de Dieu.

Mardi

Jésus disait à ses Apôtres : 'Lequel d'entre vous, quand son serviteur vient de labourer ou de garder les bêtes, lui dira à son retour des champs : Viens vite à table ? Ne lui dira-t-il pas plutôt : Prépare-moi à dîner, mets-toi en tenue de service, le temps que je mange et que je boive. Ensuite tu pourras manger et boire à ton tour. Sera-t-il reconnaissant envers ce serviteur d'avoir exécuté ses ordres ?

De même vous aussi, quand vous aurez fait tout ce que Dieu vous a commandé, dites-vous : Nous sommes des serviteurs inutiles : nous n'avons fait que notre devoir.' Luc 17,7-10.

Le soir de notre vie, il nous sera peut-être donné de porter un regard sur les années passées. Ce qui nous fut donné. Ce que nous avons fait. Ce que nous avons omis de faire. Ce qui fut bon. Ce qui fut moins bon. Ce qui fut mauvais.

Avons-nous bâti un « empire » ? Il ne reste rien entre nos mains.

Avons-nous amassé une fortune ? A présent nos mains sont vides.

Mais…

si nous avons aimé, alors notre cœur est en joie.

si nous avons donné, alors notre cœur est riche d'amour.

si nous avons été au service des autres, alors notre cœur est en paix.

La mort peut venir, mais ce n'est pas la mort, c'est la vie.

Et nous n'avons pas de crainte.

<u>Mercredi</u>

Jésus, marchant vers Jérusalem, traversait la Samarie et la Galilée. Comme il entrait dans un village, dix lépreux vinrent à sa rencontre.

Ils s'arrêtèrent à distance et lui crièrent : 'Jésus, maître, prends pitié de nous.' En les voyant, Jésus leur dit : 'Allez vous montrer aux prêtres.'

En cours de route, ils furent purifiés. L'un d'eux, voyant qu'il était guéri, revint sur ses pas, en glorifiant Dieu à pleine voix. Il se jeta la face contre terre aux pieds de Jésus en lui rendant grâce. Or, c'était un Samaritain.

Alors Jésus demanda : 'Est-ce que tous les dix n'ont pas été purifiés ? Et les neuf autres, où sont-ils ? On ne les a pas vus revenir pour rendre gloire à Dieu ; il n'y a que cet étranger !'

Jésus lui dit : 'Relève-toi et va : ta foi t'a sauvé.' Luc 17,11-19.

Dix lépreux. Dix lépreux guéris. Guérison en nombre. Pas de distinctions. Pas de privilèges. Pas de déçus. Tous guéris.

L'amour ne fait pas de calcul. Il donne en abondance. Au-delà de la mesure. Dieu est ainsi. Pas de division. Pas de séparation. Tous égaux. Tous aimables. Tous aimés.

Il aurait été correct que tous reconnaissent l'auteur de leur guérison. Parce que si Jésus les guérit, c'est en vue d'un bonheur plus grand, plus durable.

Les guérir, c'était les inviter à une rencontre. A une amitié. A une présence continue, durable. A un amour infini.

La guérison était le début d'un cheminement dans la foi. Un retournement. Une marche avec Jésus dans la lumière.

Combien de rencontres avec Jésus restées sans suite ?

Combien d'instants d'émerveillement oubliés ?

Combien de certitudes de la présence de Dieu abandonnées ?

Dieu ne modifie pas son attitude. Son amour est constant, définitivement donné. Il suffit de croire et d'aimer.

Il suffit ?

<u>Jeudi</u>

Les pharisiens interrogèrent Jésus : 'Quand le Règne de Dieu vient-il ?'

Jésus leur répondit : 'Le Règne de Dieu ne vient pas de manière apparente, et on ne dira pas : Le voici ! Le voilà ! Car voici que le Règne de Dieu est parmi vous.'

Il dit encore aux disciples : 'Des jours viendront où vous désirerez voir un seul des jours du Fils de l'homme, et vous ne le verrez pas. On vous dira : Le voici ! Le voilà ! N'y allez pas, ne courez pas après lui. Comme l'éclair, en effet, resplendit d'un bout à l'autre du ciel, il en sera ainsi du Fils de l'homme, quand viendra son Jour. Mais il faut d'abord qu'il souffre beaucoup, et qu'il soit rejeté honteusement par cette génération.' Luc 17,20-25.

On ne le voit pas et pourtant il est là. Il n'entre pas dans les statistiques et pourtant il est bien présent. Il n'est pas dans les prévisions budgétaires, ni dans les programmes électoraux, et pourtant il existe bel et bien.

Dieu est présent. Dieu est vivant. Dieu est en action.
Nous pouvons le nier, le combattre, le mépriser.
Nous pouvons arracher les croix des lieux publics.
Nous pouvons démolir les églises, détruire la Bible, conduire les croyants au bûcher.
Dieu est présent.
Nous prenons conscience de sa présence partout et en nous. Dans le geste gratuit, la parole de respect, le regard de tendresse, le cœur aimant.
Nous le rencontrons dans la faiblesse, dans la petitesse, dans la pauvreté.
Dieu s'identifie au pauvre, au malade, au prisonnier, à l'affamé. (Matthieu 25,31-46).
Nous ne pouvons pas le rater, l'éviter, l'ignorer.
Il est partout où la souffrance est présente, où la faim est présente, où le mépris est présent, où la solitude est présente.
Encore faut-il des yeux pour le voir, l'humilité pour le reconnaître,
la pauvreté pour l'accueillir, la simplicité pour le rencontrer et le cœur pour l'aimer.

<u>Vendredi</u>

Jésus disait à ses disciples : 'Ce qui est arrivé dans le temps de Noé arrivera dans le temps du Fils de l'homme. On mangeait, on buvait, on se mariait jusqu'au jour où Noé entra dans l'arche. Alors survint le déluge qui les fit tous périr.

C'est arrivé de la même manière au temps de Loth : on mangeait, on buvait, on achetait, on vendait, on plantait, on bâtissait. Mais le jour où Loth sortit de Sodome, Dieu fit tomber du ciel une pluie de feu et de soufre qui les fit tous périr.

Il en sera de même le Jour où le Fils de l'homme se révélera. En ce jour-là, celui qui sera sur la terrasse tandis que ses affaires sont dans la maison, qu'il ne descende pas les prendre. Pareillement, celui qui sera au champ, qu'il ne revienne pas en arrière. Rappelez-vous la femme de Loth. Celui qui cherchera à sauvegarder sa vie la perdra ; celui qui la perdra la conservera...' Luc 17,26-37.

Quelle surprise ! C'est l'inattendu.

On passe des années à travailler, à consommer, à acquérir, à se distraire. Le temps passe si vite ! On n'a pas le temps. On court après le temps. A peine rentré, il faut repartir. A peine reposé, il faut travailler. On saute d'un train dans un autre. On passe d'un métro à un autre. Caféine. Boissons énergisantes. Cocaïne. Alcool. Antidépresseurs. Défibrillateurs…

Et puis un matin ou un soir, le jour ou la nuit, l'AVC, l'infarctus, l'épuisement. Terrassés, et nous voulons nous lever. Immobilisés et nous voulons marcher. Au repos, et nous voulons travailler. Le temps s'est arrêté. Le silence. Est-ce le vide ? Quel est cet espace inconnu ? Quelle est cette présence ignorée ? Quelle est cette paix oubliée ?

Face à nous-mêmes. Seuls avec nous-mêmes. Un désir fou d'aimer. Une espérance folle de Le rencontrer. Il est là. Présent dans ma faiblesse. Présent dans ma pauvreté. Présent dans le silence. Dieu. L'Amour. Le Sublime. La Lumière. La raison de vivre. Le sens de la vie. Dans la nudité du vide, du silence, de la paix.

Joie ! Ô joie !

<u>Samedi</u>

Jésus dit une parabole pour montrer à ses disciples qu'il faut toujours prier sans se décourager : 'Il y avait dans une ville un juge qui ne respectait pas Dieu et se moquait des hommes.

Dans cette même ville, il y avait une veuve qui venait lui demander : Rends-moi justice contre mon adversaire. Longtemps il refusa ; puis il se dit : Je ne respecte pas Dieu, je me moque des hommes, mais cette femme commence à m'ennuyer : je vais lui rendre justice pour qu'elle ne vienne plus sans cesse me casser la tête.

Le Seigneur ajouta : 'Ecoutez bien ce que dit ce juge sans justice ! Dieu ne fera-t-il pas justice à ses élus qui crient vers lui jour et nuit ? Est-ce qu'il les fait attendre ? Je vous le déclare : sans tarder, il leur fera justice. Mais le Fils de l'homme, quand il viendra, trouvera-t-il la foi sur terre ?' Luc 18,1-8.

Je vous prie... Je vous en prie... Une demande. Un vœu. Un souhait. Un désir.

Une réponse est attendue. Un résultat serait le bienvenu. Une satisfaction nous comblerait.

Les demandes varient. Elles sont communes. Elles sont personnelles. On prie pour soi. On prie pour les autres. On s'adresse à plus fort que soi. A plus puissant que soi. A plus grand que soi.

Une efficacité que l'on attribue à des forces occultes. A des puissances surhumaines. A des dieux. A Dieu.

Il arrive que l'on soit exaucé. Satisfait. Récompensé. Alors on remercie. On exprime sa gratitude. On renforce sa confiance. On augmente sa foi.

Mais, frappons-nous à la bonne porte ? L'objet de notre demande est-il valable ? Recherchons-nous toujours le « bien » ? La demande correspond-t-elle à un « plus être » ? A une plus grande liberté ? A un plus grand amour ? A un plus grand bonheur ? A une meilleure qualité de vie ? A un plus grand engagement ?

Ce que Dieu a dans son magasin, c'est l'amour, le don de soi, la générosité, la joie, l'espérance, la confiance, la foi, la patience, le service. (Galates 5,22-23).

Vérifions attentivement notre liste avant de faire nos courses !

N'exigeons pas ce que Dieu ne possède pas !

33ème semaine

Lundi

Comme Jésus approchait de Jéricho, un aveugle était assis au bord de la route et mendiait. Entendant passer la foule, il demanda ce qu'il y avait. On lui annonça : 'C'est Jésus le Nazaréen qui vient par ici.'
Il s'écria : 'Jésus, fils de David, prends pitié de moi !' Ceux qui marchaient en avant lui commandaient de se taire, mais il criait de plus belle : 'Fils de David, prends pitié de moi !'
Jésus s'arrêta et se le fit amener. Quand il se fut approché, Jésus lui demanda : 'Que veux-tu que je fasse pour toi ?' – 'Seigneur, que je voie !' Jésus lui dit : 'Retrouve la vue, ta foi t'a sauvé.' Aussitôt l'homme retrouva la vue, et il suivait Jésus en glorifiant Dieu.
Lorsqu'il vit cela, tout le peuple se mit à louer Dieu. Luc 18,35-43.

Il fut un temps où les parents fabriquaient ou confectionnaient les jouets des enfants, poupées de chiffons ou objets en bois. La confiance entre parents et enfants était établie. Les désirs des enfants étaient pleinement réalisés à la satisfaction des parents.

Adultes, nous avons tous des désirs, des souhaits, des projets que nous voulons voir aboutir. Leur classement selon l'importance appartient à chacun. *'Que veux-tu que je fasse pour toi ?'* La santé ? Un emploi ? Une réconciliation ? La paix ? La joie ? … A cela, Jésus répond : *'Ta foi t'a sauvé'*.

C'est la démarche de foi qui est déterminante. Dieu donne la « matière première », le matériau, la capacité, et c'est par la foi que le miracle aboutit. C'est par sa totale confiance en Dieu que l'aveugle recouvre la vue, que le paralysé marche, que le malade est guéri, que le chemin de la réconciliation est trouvé. La prière est exaucée à cause de notre foi.

Parce que nous nous élevons dans la foi ;
parce que nous nous ajustons à la bonté de Dieu par la foi ;
parce que nous nous convertissons ;

parce que notre amour envers Dieu a grandi ;
parce que notre vie se construit dans la confiance en Dieu.

Dieu donne les matériaux et la foi obtient ce que nous demandons.

<u>Mardi</u>

Jésus traversait la ville de Jéricho. Or il y avait un homme du nom de Zachée ; il était le chef des collecteurs des impôts romains, et c'était quelqu'un de riche. Il cherchait à voir qui était Jésus, mais il n'y arrivait pas à cause de la foule, car il était de petite taille. Il courut donc en avant et grimpa sur un sycomore pour voir Jésus qui devait passer par là.

Arrivé à cet endroit, Jésus leva les yeux et l'interpella : 'Zachée, descends vite : aujourd'hui il faut que j'aille demeurer chez toi.' Vite, il descendit, et reçut Jésus avec joie.

Voyant cela, tous récriminaient : 'Il est allé loger chez un pécheur.'

Mais Zachée dit au Seigneur : 'Voilà, Seigneur : je fais don aux pauvres de la moitié de mes biens, et si j'ai fait du tort à quelqu'un, je vais lui rendre quatre fois plus.'

Alors Jésus dit à son sujet : 'Aujourd'hui, le salut est arrivé pour cette maison, car lui aussi est un fils d'Abraham. En effet, le Fils de l'homme est venu chercher et sauver ce qui était perdu.'
Luc 19,1-10.

Il avait de grandes richesses.
Il était de petite taille.
La foule connaissait sa richesse.
La foule l'empêchait de voir Jésus.

Alors, il fallait quitter le niveau du sol, la terre ferme, le terre à terre.

Il fallait prendre le risque de s'élever, de monter, d'aller vers le sommet.

Le risque, c'était aussi la moquerie de la foule. Cet homme de petite taille, mais de haut rang, s'élève dans un arbre pour voir, non pas la foule, mais une personne : Jésus.

Parce que Jésus pouvait le guérir. Non de sa petite taille – c'est elle qui est à l'origine de son élévation – mais le guérir de son haut rang, de sa grande richesse, de son avidité au gain. Non pas que la richesse soit un mal en soi, mais cet argent était devenu le sens de sa vie. L'argent seul comptait. Il lui donnait l'honorabilité, le statut, la reconnaissance.

Il fallait donc que quelqu'un le désigne autrement. Quelqu'un qui parle à son cœur, pas à son portefeuille. Quelqu'un qui le regarde avec bonté. Quelqu'un qui le reconnaisse pour lui-même.

C'est alors qu'il a compris. Il devait rendre cet argent trompeur. Il devait s'en détacher. Il devait le donner avec générosité. Cet argent était devenu inutile. Il était superflu.

Le choix de Dieu suffit. Son regard suffit. Sa tendresse suffit. Son amour suffit.

Et quoi de plus normal que de sceller cette décision, cette résolution, cette nouvelle orientation de sa vie par un repas.

Il faut faire la fête. Il faut s'émerveiller.

Dieu est tellement bon !

Mercredi

Comme les gens écoutaient les paroles de Jésus (annonçant que le salut était venu pour Zachée), il ajouta la parabole que voici, parce qu'il approchait de Jérusalem, ce qui faisait croire que le Règne de Dieu allait apparaître sur-le-champ.

Il disait donc : 'Un personnage de la noblesse s'en alla dans un pays lointain pour y recevoir la royauté et revenir ensuite. Il appela dix de ses serviteurs, leur confia dix pièces d'or et leur dit : Faites-les fructifier jusqu'à mon retour. Mais ses concitoyens le détestaient, et ils envoyèrent une délégation derrière lui, chargée de dire : Nous ne voulons pas de cet homme pour notre roi.

Lorsqu'il revint, investi de la royauté, il fit appeler les serviteurs auxquels il avait donné l'argent, pour savoir comment chacun l'avait fait fructifier.

Le premier se présenta et dit : Seigneur, ta pièce d'or en a rapporté dix. – Très bien, bon serviteur ; puisque tu as été fidèle pour de petites choses, reçois le gouvernement de dix villes.

Le deuxième vint lui dire : Ta pièce d'or, Seigneur, en a produit cinq. – 'Toi aussi, sois à la tête de cinq villes.

Un autre vint en disant : Seigneur voici ta pièce d'or ; je l'avais serrée dans un mouchoir, car j'avais peur de toi parce que tu es un homme exigeant : tu prends ce que tu n'as pas mis en dépôt et tu moissonnes ce que tu n'as pas semé.

Le maître lui dit : Je te juge sur tes propres paroles, mauvais serviteur ; tu savais que je suis un homme exigeant, prenant ce que je n'ai pas mis en dépôt et moissonnant ce que je n'ai pas semé. Pourquoi n'as-tu pas placé mon argent à la banque ? Moi, à mon retour, je l'aurais retiré avec l'intérêt.

Et il dit aux assistants : Enlevez-lui sa pièce d'or, et donnez-la à celui qui en a dix. Ils lui dirent : Seigneur, il en a déjà dix. – Je vous le dis : celui qui possède, on lui donnera ; mais à celui qui n'a pas, on enlèvera même ce qu'il a.

Quant à mes ennemis, ces gens qui ne voulaient pas de moi pour leur roi, amenez-les ici, et massacrez-les en ma présence.'
Luc 19,11-28.

Cherche économistes H/F capables d'assurer la rentabilité de nos placements. Ambitieux. Entreprenants. Aptes à travailler en équipes. Résistants au stress. Rémunération en rapport avec les résultats. Transmettre CV à l'agence de recrutement.

Dix recrutés. Tous présentant de bonnes références, de bonnes qualités. Tous reçoivent un portefeuille d'actions, d'obligations, de valeurs.

Au retour du directeur, le Conseil d'administration se réunit et écoute le compte rendu de chacune des recrues. Les gains ont progressés. Sauf pour un portefeuille. Pas de perte, pas de bénéfice non plus. Le responsable est licencié sur le champ.

Il considérait le bien confié comme une valeur acquise. C'était déjà un exploit de ne pas essuyer une perte, une dévaluation. Que le patron s'en satisfasse ! Qu'il se contente de retrouver la même valeur à son retour !

Le Royaume de Dieu n'est pas un centre de vacances. On ne reçoit pas un ticket d'entrée à la naissance.

Le Règne de Dieu est intérieur. On y travaille par la prière. Par la méditation de l'Evangile. Par l'acquiescement des événements de la vie dans la confiance. Par la volonté de travailler à la paix, à la justice, à la réconciliation. Par la compassion à la souffrance d'autrui.

Le Règne de Dieu, c'est la croix que l'on charge chaque matin sur ses épaules. La sienne et parfois celle des autres. Lorsqu'ils sont trop faibles. Trop fragiles. Trop tristes. Trop fatigués.

Le Règne de Dieu, c'est l'éternité qui s'ouvre à nous. Présence permanente de Dieu. Action performante de Dieu. Dès aujourd'hui. Ici et maintenant. Dans le vécu de chaque jour. Dans les petits gestes du quotidien.

Le Règne de Dieu, c'est la joie aussi. Une joie sereine. Une joie tranquille. Celle de se savoir en accord avec le plan de Dieu, avec la bonté de Dieu, avec la tendresse de Dieu.

Jeudi

Quand Jésus se fut approché de Jérusalem et qu'il la vit, il se mit à pleurer sur elle en disant : 'Si toi aussi, en ce jour, tu avais compris ce qui devait t'apporter la paix ! Mais hélas, cela est resté caché à tes yeux. Des jours vont venir pour toi où tes ennemis t'entoureront de tranchées, t'encercleront, t'assiégeront, te serreront de tous côtés ; ils te briseront sur le sol, toi et tes enfants qui sont chez toi, et ils ne laisseront pas chez toi pierre sur pierre, parce que tu n'as pas su reconnaître le temps où tu as reçu la visite de Dieu.' Luc 19,41-44.

Tout va mal. La politique. L'économie. L'emploi. La sécurité. La solidarité. La spiritualité. Regard sur Jérusalem. Regard sur notre société aujourd'hui. Regard sur nous-mêmes.

'Si toi aussi, en ce jour, tu avais compris ce qui devait t'apporter la paix !'

La paix ?...
c'est plus qu'une trêve ;
c'est plus qu'un accord ;
c'est plus que la fin des combats ;
c'est plus qu'un traité ;
c'est plus qu'une poignée de main...

La paix ?...
c'est la rencontre pour bâtir un avenir, pour un devenir ;
c'est une alliance, un partenariat, une collaboration pour construire le futur ;
c'est une réciprocité, une égalité, un échange, une reconnaissance ;
c'est une amitié, une estime de l'autre, une mise en évidence des qualités de l'autre, un échange de savoir-faire ;
c'est une confiance réciproque, un respect réciproque...

Et lorsque c'est Dieu qui prend l'initiative, quand c'est Dieu qui propose la paix,
il ne faut pas hésiter, nous avons tous à y gagner !
Mais avons-nous reconnu le temps
où nous avons reçu la visite de Dieu ?

<u>Vendredi</u>

Jésus entra dans le Temple et se mit à chasser les vendeurs en leur disant : 'Il est écrit : Ma maison sera une maison de prière et vous en avez fait un repaire de brigands !'

Il enseignait chaque jour dans le Temple. Les chefs des prêtres et les scribes cherchaient à le faire mourir, ainsi que les notables du peuple. Mais ils n'en trouvaient pas le moyen, parce que tout le peuple l'écoutait, suspendu à ses lèvres. Luc 19,45-48.

L'argent. Toujours l'argent. Jusqu'au parvis du Temple à Jérusalem. Jusqu'à l'intérieur des murs du Vatican. Un commerce d'animaux déclarés purs. Un culte payé. Un enrichissement. Une banque. Un trésor. Une affaire prospère.

Le geste prophétique de Jésus : mettre fin à ce profit, à cet abus, à cet excès.

Dieu ne se vend pas. Dieu ne s'échange pas. Dieu n'est pas dans le tiroir-caisse. Dieu n'est pas sur l'étal des marchands.

Dieu est dans le cœur de l'homme. Disponible. Serviteur. Généreux en amour. Sollicitant notre amour pour autrui. Suscitant notre générosité pour nos semblables.

Dieu ne serait pas Dieu s'il était en manque d'encens, de génuflexions, de dévotions. Dieu aime. Sa grande passion, c'est l'homme. Tous les hommes. Réalisés. Aimants. Accomplis. Pleinement humains.

Chacun d'entre nous, nous sommes aimés, habités par un Dieu qui déploie sa tendresse.

<u>Samedi</u>

Des sadducéens – ceux qui prétendent qu'il n'y a pas de résurrection – vinrent trouver Jésus, et ils l'interrogèrent : 'Maître, Moïse nous a donné cette loi : Si un homme a un frère marié, qui meurt sans enfant, qu'il épouse la veuve pour donner une descendance à son frère. Or, il y avait sept frères : le premier se maria et mourut sans enfant ; le deuxième, puis le troisième épousèrent la veuve, et ainsi tous les sept : ils moururent sans laisser d'enfants. Finalement la femme mourut aussi. Eh bien, à la résurrection, cette femme, de qui sera-t-elle l'épouse, puisque les sept l'ont eue pour femme ?'

Jésus répond : 'Les enfants de ce monde se marient. Mais ceux qui seront jugés dignes d'avoir part au monde à venir et à la résurrection des morts, ne se marient pas, car ils ne peuvent plus mourir : ils sont semblables aux anges, ils sont fils de Dieu, en étant héritiers de la résurrection. Quant à dire que les morts doivent ressusciter, Moïse lui-même le fait comprendre à propos du buisson ardent, quand il appelle le Seigneur 'le Dieu d'Abraham, le Dieu d'Isaac, le Dieu de Jacob'. Il n'est pas le Dieu des morts, mais des vivants, car tous ont par lui la vie.'

Quelques-uns des scribes prirent la parole : 'Maître, tu as bien parlé.' Car ils n'osaient plus l'interroger sur rien. Luc 20,27-40.

Un cas d'école. Un sujet de thèse. Une tentative pour prendre Dieu en défaut.

Nous aimons nous exprimer au sujet de la mort. Parapsychologie. Esotérisme. Résurrection ou réincarnation. Vie ou mort. Le sujet nous intéresse. Il nous fascine. Il nous passionne. Qu'y a-t-il après la mort ?

Jésus sort du débat : Dieu n'est pas le Dieu des morts, mais il est le Dieu des vivants.

La vie seule est importante. Dieu – Vie. Indissociables. Non pas temporairement. Non pas provisoirement. Mais définitivement. Eternellement. Et Dieu y associe l'homme. Dieu – Vie – Homme. Pour toujours.

34ème semaine

<u>Lundi</u>

Jésus enseignait dans le Temple. Il leva les yeux et vit ceux qui déposaient leurs offrandes dans le tronc : c'étaient des riches.

Il vit aussi une veuve misérable y déposer deux piécettes, et il dit : 'En vérité, je vous le dis : cette pauvre veuve a donné plus que tout le monde. Car tous, ils ont donné de leur superflu ; mais elle, de son indigence, elle a donné tout ce qu'elle avait pour vivre.' Luc 21,1-4.

Elle est heureuse, cette veuve misérable. Elle est allée à la ville sainte, Jérusalem. Elle est entrée dans le Temple. Elle a vu ce bâtiment immense, gigantesque, magnifique. Elle s'est approchée timidement jusqu'à un des troncs. Le trésor du Temple. Elle a déposé deux piécettes. Une pour elle. L'autre pour quelqu'un d'autre. Un mari ? Un enfant ? Un ami ? Une amie ? C'est son offrande. C'est une prière. Comme on fait brûler un cierge. Comme on inscrit une intention dans un cahier. Puis elle est repartie sur la pointe des pieds. Le regard sur le sol. Avec la certitude d'être exaucée.

En fait, ces deux piécettes lui auraient permis de vivre, mais elle a trouvé la raison de vivre. Et elle est heureuse.

Béatitude des pauvres.

<u>Mardi</u>

Certains disciples de Jésus parlaient du Temple, admirant la beauté des pierres et les dons des fidèles.
Jésus leur dit : 'Ce que vous contemplez, des jours viendront où il n'en restera pas pierre sur pierre : tout sera détruit.'
Ils lui demandèrent : 'Maître, quand cela arrivera-t-il, et quel sera le signe que cela va se réaliser ?'
Jésus répondit : 'Prenez garde de ne pas vous laisser égarer, car beaucoup viendront en mon nom et diront : C'est moi, ou encore : Le moment est arrivé. Ne les suivez pas ! Quand vous entendrez parler de guerres et de soulèvements, ne vous effrayez pas : il faut que cela arrive d'abord, mais ce ne sera pas tout de suite la fin.'
Alors Jésus ajouta : 'On se dressera nation contre nation, royaume contre royaume. Il y aura de grands tremblements de terre, et çà et là des épidémies de peste et des famines ; des faits terrifiants surviendront, et de grands signes dans le ciel.' Luc 21,5-11.

Certains parviennent à la foi en Dieu dans un cheminement persévérant. Avec des remises en question. Avec des doutes. Avec des certitudes.

D'autres croient en Dieu de manière inattendue, soudainement, lors d'un événement qui bouleverse leur vie.

Lorsque…
un nouveau-né tenu dans les bras, témoigne d'un Dieu de Vie ;
la beauté d'un paysage, d'une peinture, d'une musique, d'une architecture, fait naître un émerveillement d'un Dieu de beauté ;
la rencontre d'une personne d'une infinie bonté, d'une incompréhensible joie, d'une remarquable douceur, d'un amour désintéressé, éveille la certitude d'un Dieu de tendresse ;
la perte d'un être aimé, la douleur de la séparation, le deuil assumé, l'espérance retrouvée, révèlent la présence d'un Dieu de consolation ;
la Croix de Jésus sous le regard du malade, du souffrant, du mourant ravive la foi en un Dieu d'amour.

Doigt de Dieu, signes de Dieu, présence de Dieu.

Mercredi

Jésus parlait des derniers jours ; il disait à ses disciples : 'On portera la main sur vous et on vous persécutera ; on vous livrera aux synagogues, on vous jettera en prison, on vous fera comparaître devant des rois et des gouverneurs, à cause de mon Nom. Cela vous donnera l'occasion de porter témoignage.

Mettez-vous dans la tête que vous n'avez pas à préparer votre défense. Moi-même, je vous inspirerai un langage et une sagesse à laquelle tous vos adversaires ne pourront opposer ni résistance ni contradiction.

Vous serez livrés même par vos parents, vos frères, votre famille et vos amis, et ils feront condamner à mort certains d'entre vous. Vous serez détestés de tous, à cause de mon Nom. Mais pas un cheveu de votre tête ne sera perdu. C'est par votre persévérance que vous obtiendrai la vie.' Luc 21,12-19.

Témoigner l'Evangile. Témoigner l'amour de Dieu.

Cela se fait dans l'adversité. En milieu hostile. Dans un contexte d'indifférence. Avec des objections. Avec des ricanements. Avec des moqueries. Avec des rires. Avec des humiliations. Avec des médisances. Avec des violences.

Pourquoi l'amour est-il rejeté ? Pourquoi la vérité est-elle niée ? Pourquoi la compassion est-elle méprisée ? Pourquoi la prière est-elle ironisée ?

Le matérialisme combat la spiritualité. Le pouvoir de l'argent combat la générosité. L'égoïsme combat le don de soi. L'orgueil combat l'humilité…

Pourquoi Dieu est-il rejeté ?

<u>Jeudi</u>

Jésus disait à ses disciples : 'Quand vous verrez Jérusalem encerclée par les armées, sachez alors que sa dévastation est proche. Alors, ceux qui seront en Judée, qu'ils fuient vers les montagnes ; ceux qui seront dans la ville, qu'ils s'en éloignent ; ceux qui seront dans la campagne, qu'ils ne rentrent pas dans la ville. Car ce sont là des jours de châtiment, où doit s'accomplir tout ce qui est écrit…

Il y aura des signes dans le soleil, la lune et les étoiles. Sur terre, les nations seront affolées par le fracas de la mer et de la tempête. Les hommes mourront de peur dans la crainte des malheurs arrivant sur le monde, car les puissances des cieux seront ébranlées.

Alors on verra le Fils de l'homme venir dans la nuée, avec grande puissance et grande gloire.

Quand ces événements commenceront, redressez-vous et relevez la tête, car votre rédemption approche.' Luc 21,20-28.

Une catastrophe naturelle dévaste une région et la solidarité s'organise.
Un accident fait de nombreuses victimes et la douleur est partagée.
Une guerre détruit un pays et les réfugiés sont accueillis.

L'information fait la une des journaux.
Les reportages monopolisent le petit écran.

Collectes de fonds. Collectes de vivres. Collectes de vêtements. Initiatives. Générosité. Compassion.

Signes des temps d'un monde futur, où l'homme trouve sa pleine réalisation dans l'amour. L'amour, attribut de Dieu.

Vendredi

Jésus parlait à ses disciples de sa venue et il leur dit une parabole : 'Voyez le figuier et les autres arbres : dès qu'ils bourgeonnent, en les regardant, vous savez que l'été est déjà proche.

De même, vous aussi, lorsque vous verrez cela, sachez que le Règne de Dieu est proche.

Vraiment, je vous le dis : cette génération ne passera pas avant que tout cela n'arrive. Le ciel et la terre passeront, mes paroles ne passeront pas.' Luc 21,29-33.

Un perce-neige. Un crocus. Un bourgeon. Le printemps n'est pas loin. Le froid perd sa vigueur. L'hiver se retire.

Un geste de bonté. Une parole encourageante. Un regard de respect. Un sourire d'amitié. Une main tendue. Le bonheur apparaît. La joie émerge. La souffrance s'apaise. La vie renaît. Les lèvres s'entrouvrent.

La femme. L'homme. L'enfant. Le vieillard.

Ils existent à nouveau.

Ils reprennent leur place.

Ils retrouvent leur dignité.

L'espérance est possible. L'amour est là.

Dieu est bien présent. Dieu est bien agissant. Dieu est bien aimant.

Pour que l'homme soit heureux.

Samedi

Jésus parlait à ses disciples de sa venue : 'Soyez sur vos gardes, pour éviter que vos cœurs s'alourdissent dans les excès de table, l'ivrognerie, les soucis de la vie, et que ce jour-là ne tombe sur vous brusquement comme un filet ; car il s'abattra sur tous les habitants de la terre entière.

Veillez donc et priez à tout moment, pour avoir la force d'échapper à tout ce qui doit arriver, et de vous présenter avec assurance devant le Fils de l'homme.' » Luc 21,34-36.

La vigilance est de mise. Il n'est pas question de se laisser distraire. De se laisser influencer. De se laisser tromper. De se laisser dominer.

La prière, la rencontre de Dieu, l'accord avec le projet de Dieu, nous permettent de garder le cap, de nous orienter dans la bonne direction.

En essuyant les ressacs. En restant confiants. Malgré le tonnerre. Les éclairs. Les vents violents.

Dieu est présent. Dieu est à bord. Dieu est sur le pont.

Rien de mauvais ne peut nous arriver. Le mal ne peut nous atteindre. Dieu agit. Dieu est agissant. Dieu est performant.

Nous ne sommes pas seuls. Nous ne sommes jamais seuls.

Dieu est avec nous.

Eternellement.

www.ingramcontent.com/pod-product-compliance
Lightning Source LLC
Chambersburg PA
CBHW070916180426
43192CB00037B/1441